快速學會梅花易數

梅花易數新觀

廖嘉賓——著

序言

在幾年前寫了一本《快速記憶學八字》的書獲得很大的迴響，很多讀者透過我的FB前來道謝，這些同學有的是讀了很多八字的書，或者上過很多課，但是都無法融會貫通，總覺得有很多不懂或是無法活用，透過《快速記憶學八字》這本書，用邏輯推理的方式、快速記憶的模式、五行演化的模式、最簡單的天干與地支的基本原理，不需要神煞，只要弄清楚沖、合、會、刑、害……這些基本的原理後，一開始都能很簡要的利用八字來論斷，其實這也是我多年的經驗而得結果。現在想要再寫一本梅花易數的書了，坊間的梅花易數，也是把邵康節的梅花易數拿來抄一遍，邵康節先賢的論斷手法真是嘆為觀止，但是學成以後還是無法論斷，又回到原先學八字的泥沼，坐困愁城無法自拔。

也有同學來問，是否再出八字的第二本書來解惑？我想，先讓同學消化一陣子再寫，我還是先解決很多讀者看完梅花易數後無法演譯、論斷的困擾，用最簡單的方式來說明，讓每位同學看完這本書後，不必再花數十萬的學費去找老師上課。

以前的人在看梅花卦時，一定要有深厚的易經基礎，熟悉八個卦中的易理，五行天干的涵義，才能一窺堂奧，否則無法充分瞭解。目前坊間的書只是引述邵康節先賢的古書，書中只講解一半，每解一卦都覺得非常奧妙，但是另外自己起卦時又抓不著頭緒，只好束之高閣，無法再探詢究竟。目前學習梅花易數，都是祕傳，除非拜師，否則無法探索其奧妙，所以我以前看了數遍，反覆推敲仍不解其意。這是中國人傳法的弊端，無法大量推廣。所以本書講解，除了用舊式的例子外，本書會融合現代的卜卦方式，並用例題、圖解等方法讓讀者去瞭解，看完本書後就可以簡單的論斷了，當然，要成為「高人」，除了經驗值外，還需心領神會及與同好、師長互相切磋，慢工才能出細活。

這次我寫《快速學會梅花易數》是以舊有的梅花易數為藍本，融合現代的論斷（方便、有效、速成），讓讀者在看這本書時，就能簡單的論斷，而不需要舊式的龜殼、銅板、卜筮的方式，還要焚香祝禱，隨時起意就可以卜卦了，當然還要心誠、永懷善念、不貪、不賭、不邪淫、不嗜酒，就可以卜卦了。

有人問，既然學會了八字，又為何要來學梅花易數？其實八字或紫微斗數是根據每一個人的生辰演化而來，可以瞭解這個人一生演化的結果，再根據流年、流月、流日瞭解每天的變化，以大方向來說，這是屬於戰略思考。而梅花易數或者說是易經卜卦，卻是針對某件事情，最近就要發生而無法做抉擇時的問卜的方式，這就是所謂的戰術指引。戰略目標是大方向、長時間的指引，而戰術則是針對小區域、有急迫性的導引，所以學會了八字再瞭解梅花易數的占卜方法，今後無論大小事、長時間或短時間的指點、擘劃，都可以無往不利、迎刃而解了。

我寫的這本梅花易數，除了簡單介紹河圖、洛書的基本原理，易經先天卦及後天卦，八卦卦名、用法、方位……最重要的還是配之與五行生剋，不需要像邵康節大師那麼精湛的論斷，只要用一些基本的方法，不需要數十年的鑽研，只要看完本書並參考書上的例題（這些都是現代人問卜的解答），每個人都能上手，這也是我寫梅花易數的初衷，與上一本

《快速記憶學八字》精神一樣，不需要大弄玄虛，這本《快速學會梅花易數》淺顯易懂，看完後就可以直接論斷了。

這本書還有一個特點，傳統的易經只是解答對方的問題的可或否，但是梅花卦不但可以論斷事情的可行性，亦可告知對方的狀況（男女、老幼、年紀），所問緣由……，很多問卜者沒說的地方，卦中都能一一顯現，常讓問卜者瞠目結舌，直呼神人、半仙。其實，這些都是演卦中表現出來的，看到這裡，讀者是否想躍躍欲試呢？那我們就開始吧！

誰能誰不能
能者在五行
五行推不轉
能者也不能

五行推得轉
不能者也能

學梅花易數的精神就是，知命、識命然後要能運命，但不是認命。而運命的目的是要趨吉避凶，更高明的就是要改運，其中涉及了奇門遁甲、風水地理以及人與人之間的合作、敵對關係，運用這些方法去改變命運才是吾人學習梅花易數的主要目的。

識得陰陽兩路行　富貴達京城
不識陰陽兩路行　萬丈火深坑

邵雍（諡康節）

邵雍（一〇一二年一月二十一日－一〇七七年七月二十七日），范陽（今河北涿州），宋朝儒學家、思想家、易學家、詩人，字**堯夫**，自號**安樂先生**，人又稱**百源先生**，諡**康節**，後世稱**邵康節**，**北宋五子**（未親炙於孔子，而得以配祀孔廟封號先賢的五位大儒）之一。

生平

祖父邵德新，父邵古，皆隱德不仕。邵雍的祖先是范陽（今河北省涿州）人，幼隨父遷共城百源（今河南省輝縣）蘇門山下。後人稱雍為「百源先生」。

邵雍青年時期即有好學之名，《宋史》記載：「雍少時，自雄其才，慷慨欲樹功名。於書無所不讀，始為學，即堅苦刻厲，寒不爐，暑不扇，夜不就席者數年。已而嘆曰：『昔人尚友於古，而吾獨未及四方。』於是逾河、汾，涉淮、漢，周流齊、魯、宋、鄭之墟，久之，幡然來歸，曰：『道在是矣。』遂不復出。」

邵雍後居洛陽，與司馬光、二程、呂公著等交遊甚密。邵雍與二程、周敦頤、張載，合稱為「北宋五子」。

宋仁宗皇祐元年（一〇四九年）定居洛陽，以教授維生。嘉祐七年（一〇六二年），移居洛陽天宮寺西天津橋南，榜其廬曰「安樂窩」，自號安樂先生。出遊時必坐一小車，由一人牽拉。

茅屋半間任逍遙，山路崎嶇賓客少。
看的是無名花和草，聽的是枝上好鳥叫！
春花開得早，夏蟬枝頭鬧。
黃葉飄飄秋來了，白雪紛紛冬又到。
嘆人生，容易老，終不如蓋一座，安樂窩。
上寫著：琴棋書畫，漁讀耕樵。

悶來河邊釣，閒來把琴敲，

喝一杯茶，樂陶陶，我真把愁山推倒了！（安樂窩歌）

宋仁宗嘉祐與宋神宗熙寧初，兩度被舉，均稱疾不赴。邵雍病重時，程頤去看望他，問道：「從此永訣，列有見告乎？」邵雍說：「面前路徑須令寬，路窄，則自無著身外，況能使人行乎？」熙寧十年（一〇七七年）卒。宋哲宗元祐中賜諡康節。著有《皇極經世》、《伊川擊壤集》、《漁樵問對》等。一九七五年江西星子縣宋墓出土《邵堯夫先生詩全集》九卷。

學說

先天八卦圖

邵雍對易經極有研究，開拓了「象數」學的領域，他「探跡索隱，妙悟神契，洞徹蘊奧，汪洋浩博，多其所自得者」。邵雍繼承並發揚了陳摶的「周易先天圖說」朱震說：「陳摶以《先天圖》傳种放，种放傳穆修，穆修傳李之才，之才傳邵雍。」朱熹則認為邵雍傳自陳摶，陳摶亦有所承傳：「邵子發明先天圖，圖傳自希夷，希夷又自有所傳。」。邵雍說：

道生一，一為太極；一生二，二為兩儀；
二生四，四為四象；四生八，八為八卦；
八卦生六十四，六十四具而後天地之數備焉。
天地萬物莫不以一為本原，
於一而演之以萬，窮天下之數而復歸於一。

邵雍是真正能繼承先秦（律數之學）與兩漢（卦變之學）以來易學象數派之理論精粹並能融合儒家經學之道德價值觀（即內聖外王之道）。朱熹對《皇極經世》極為推崇。他說：「某看康節《易》了，都看別人的不得。」朱熹將邵雍與周敦頤、張載、程顥、程頤和司馬光並稱為道學的「六先生」。

重要著作

《皇極經世》

《伊川擊壤集》

《漁樵問答》：全書以問答方式，將自然與人事變化之關係加以闡發。晁公武認為是張載所著，而朱子則肯定為邵雍所作。《黃氏日抄》認為其膚淺，但學者郭彧雲認為未必如此——其中論命運、論人鬼，以及小人不絕的道理，亦有其獨特之處。

《鐵版神數》

《梅花易數》

《宋史．邵雍傳》稱：「乃事之才，受河圖、洛書、伏羲八卦六十四卦圖像。之才之傳，遠有端緒，而雍探賾索隱，妙司神契，洞徹蘊奧，汪洋浩博，多其所自得者。」

程頤在《邵雍節先生墓誌銘》中說：「（邵雍）德氣粹然，望之可知其賢。不事表襮，不設防畛，正而不諒，通而不汗，清明洞徹中外……群居燕飲，笑語終日，不取甚於人。」

二程並不太欣賞他的學說，嘗批其「邵堯夫臨終時，只是諧謔須臾而去；以聖人觀之，則亦未是」及「嘗觀堯夫詩意，纔做得識道理。卻於儒術未見所得。」朱熹說：「程、邵之學固不同，然二程所以推尊康節者至矣。蓋信其道而不惑，不雜異端，班如溫公、橫渠之間。」

目錄

第一篇

梅花易數導論

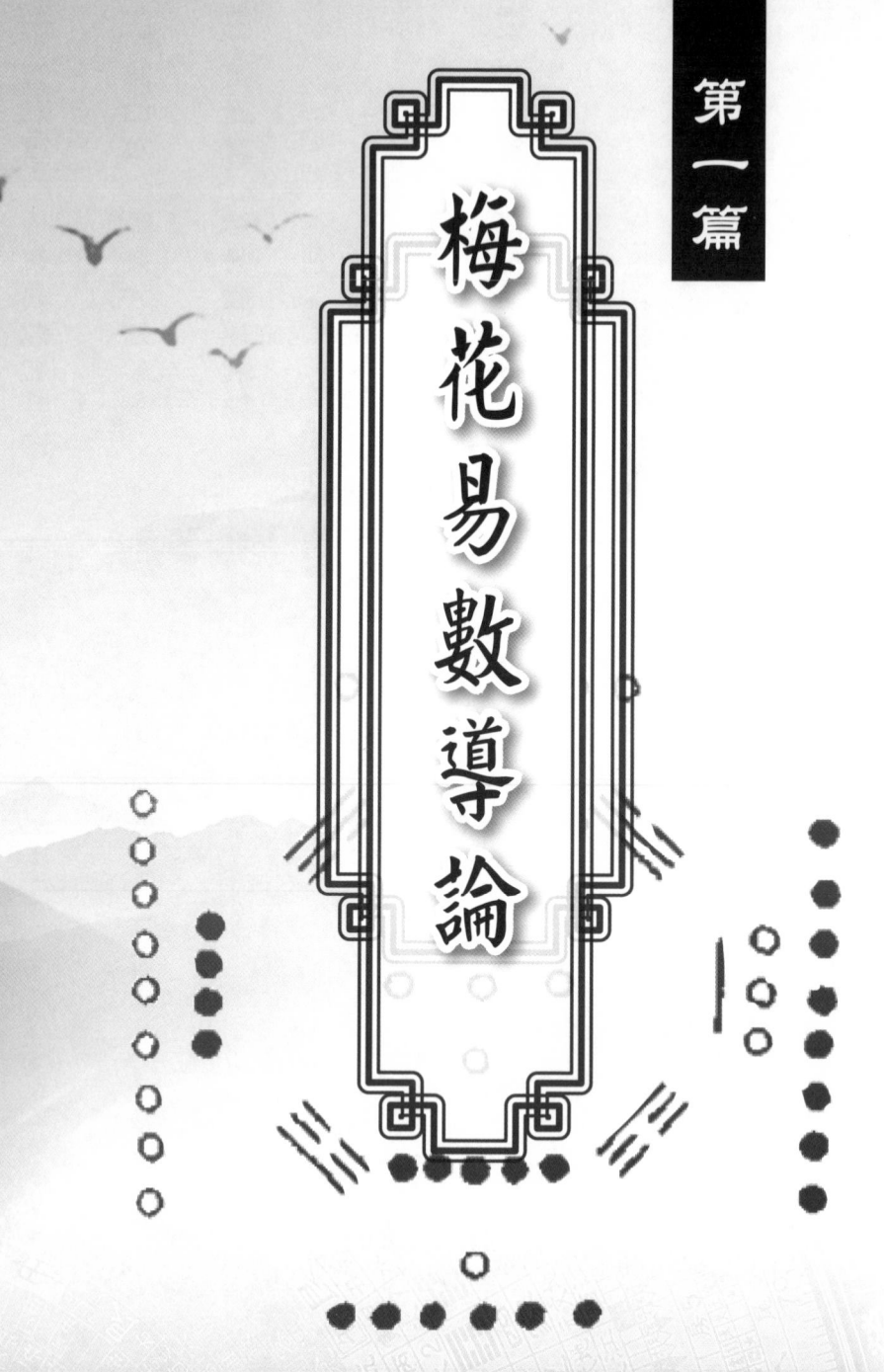

第一篇 梅花易數導論

什麼是梅花易數？

「梅花易數」具有「簡便、快速、易學、神效」四大特點。

梅花心易較易，只要記熟算式、號碼和八卦、八卦和客觀事物的關係便成，但易學難精。六爻文王卦則需對五行生剋、地支合剋刑傷有理解才成。應用範圍：六爻文王卦較廣，較專門特殊優點：梅花心易著重的是「心」，講求的是因物動而起，萬物皆有數的觀點。

此法的優點是可以隨時隨地起卦，方式多樣，而且非常準確，幾乎可用「每卦必中，屢試不爽」來形容。

因為「梅花易數」能夠隨時隨地憑身邊的事和物來起卦，並且以此來斷吉凶，當然其準繩度也是不容置疑的。

學會梅花易數的優點

1. 可預測未來，未來的事情會因為你現在的有所作為，有1／3的比例可以改變，所以凶不一定為凶，吉亦然，如同蝴蝶效應，也可假設很多問題來做模擬，尋找對事情更好的解決方案，學會梅花易數，你就是尼古拉斯．凱吉。

2. 預測學可讓人立於不敗之地，須知天地之間循環不已，看似結束的事情，隨著時間會再有興衰起伏，除非人的生命結束，但事情還是循環不息，人只是參與天地事物運動的第三因素，知興旺，則知進退。

3. 梅花易數博大精深，會的人多，會應用的少，對於懂易經之人，梅花易數只在股掌間的一種小太極，主在模擬世間事物對應，所以我常說，事情沒對錯只有強弱，人要懂得遇強則退而養息，遇弱則進之而立，視為太極的最高原則，也是易經精華所在。

4. 學梅花易數、紫微可論命，但不見得全為準確，就算全準了，也可從易經之間尋找解套方式會更可趨吉避凶，所以如果你會算命術，那更要學習梅花易數來尋找事情的解決方案。

本書會提到本卦（體卦）、用卦、互卦、變卦，至於錯卦、綜卦太複雜了，我們只要去煩為簡，容易上手即可。綜卦、錯卦……留給高人去論述吧！

有人會問：

易經很難懂，學習困難嗎？

我沒有命理的基礎可以學嗎？

為何要學梅花易數？

梅花易數跟梅花易數、紫微有何不同？

我已經會梅花易數、紫微，為何還需要學梅花易數？

坊間問卦很多，梅花易數有何特別？

梅花易數的優點？

學會梅花易數可以帶給我什麼好處？

梅花易數需要多久可以學成？又該如何運用？

讀者會有很多疑問，

例如：

易經很難懂，學習困難嗎？

1. 易經確實很難懂卻也很簡單，梅花易數不探討繫辭、爻辭（三八四爻），不去探討義理，以實證為主。
2. 只要簡單的八卦、方位及所屬五行即可實證。
3. 僅瞭解八卦、重卦（六十四卦）拆解成體、用及變卦，就可以活用。
4. 坊間的書很多，但是，看了一頭霧水，需要有名師點破、講解，即可融會貫通。
5. 運用快速記憶的模式告訴訣竅，不用背誦，一學就通。

為何要學梅花易數？

1. 可預測未來，未來的事情會因為你現在的有所作為，而有所改變。
2. 學梅花易數可讓人立於不敗之地。
3. 天地之間循環不已，看似結束的事情，隨著時間會再有興衰起伏。
4. 除非人的生命結束，但事情還是循環不息，人只是參與天地事物運動的第三因素。

知興旺，則知進退。

我沒有命理的基礎可以學嗎？

1. 梅花易數博大精深，會的人多，會應用的少。
2. 梅花易數只在股掌間的一種小太極，主在模擬世間事物對應。梅花易數不需要有命理基礎，反而比紫微、梅花易數容易學習，只要國中以上程度即可學習。
3. 會用快速記憶的方式深入淺出教導，不用背誦、只需學習如何「計算」數字而已。

梅花易數跟八字、紫微有何不同？

1. 紫微需背誦大小星共一〇八顆的屬性及廟、旺、利、陷，還要探討12宮、四煞星的生剋制化。

2. 梅花易數不需要如五行八字般瞭解天干、地支及五行的生剋制化及衝、合、會、刑、害，其中的組合上萬餘種非常複雜。

3. 梅花易數的功能在於解決最近、短時間的決定，不是在瞭解一身的命運，所以比較簡單。

梅花易數一次問一個問題，所以較為單純。

我已經會八字、紫微，為何還需要學梅花易數？

1. 梅花易數、紫微論命是瞭解一身的過程，配合大運、小運及流年，可以瞭解本身及周遭親屬、同事、朋友的相處過程，做為參考。

2. 梅花易數在於解決現階段、有急迫性、馬上要做決策的參考，這是八字、紫微所無法解決的，也可以填補八字、紫微無法立即解惑的空缺。

3. 所以梅花易數可以填補八字、紫微中的不足。

4. 可利用梅花易數來尋找事情的解決方案。

5. 瞭解梅花易數可以在命理上如虎添翼。

坊間問卦很多，梅花易數有何特別？

1. 易經占
   - 太衍之數
   - 金錢卦
2. 五行占
   - 大六壬
   - 六爻神卦（文王卦）
   - 梅花卦
   - 可看出現在的狀況

3. 訣占（鳥占）

梅花易數的優點

1. 梅花易數可以藉由聲音、方位、時間、動靜、地理、天時、人物、顏色、動植物等起占。
2. 可以利用自然界或人類社會中的一切感知的事物異相，做為預測其發展趨勢的方法。
3. 隨時可以起占，不須複雜的程序。
4. 不須借助任何器物。
5. 使用方法簡便，易學、易懂（只要名師指點）。

學會梅花易數可以帶給我什麼好處？

1. 指點迷津，提供正確方向。

2. 瞭解自己及相對人。
3. 避凶趨吉。
4. 自助助人。
5. 提升競爭力。
6. 培養第二專長。

我們常稱五術（山、醫、命、卜、相）都跟五行、天干、地支以及八卦有密不可分的關係。

由下圖：

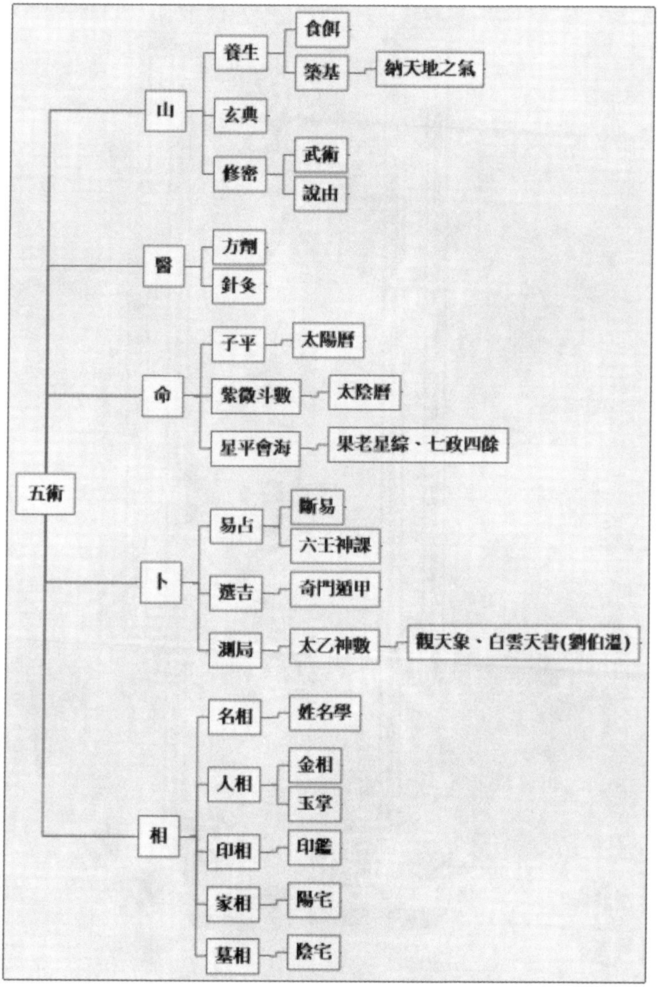

所以萬法歸宗，學會五行之術也會對五術略窺一二了。

第二篇

易經八卦起源

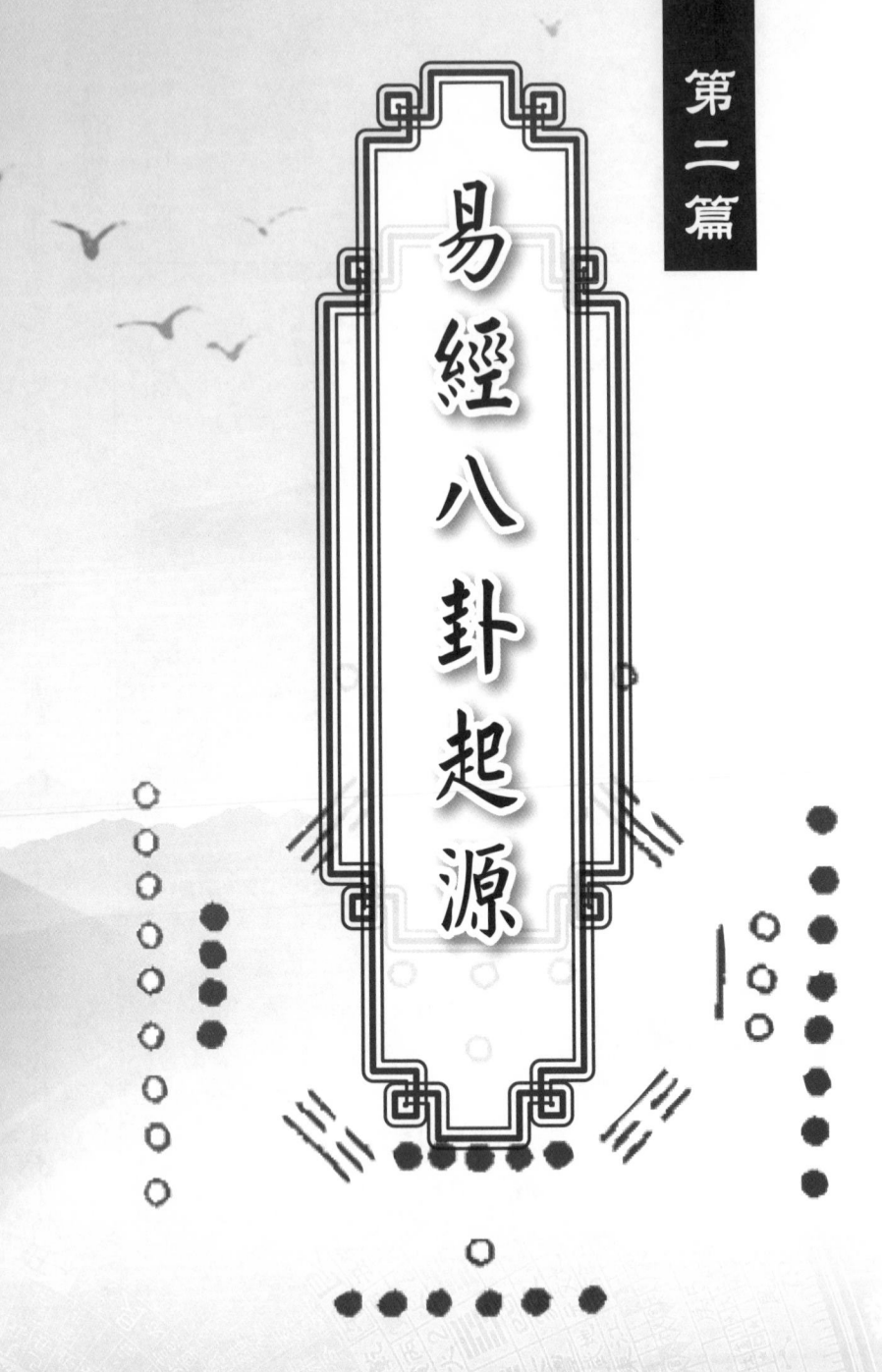

第二篇 易經八卦起源

要學習梅花易數，首先要先瞭解河圖與洛書，這是易經最基本的元素，也是計算的基礎。

一、河圖

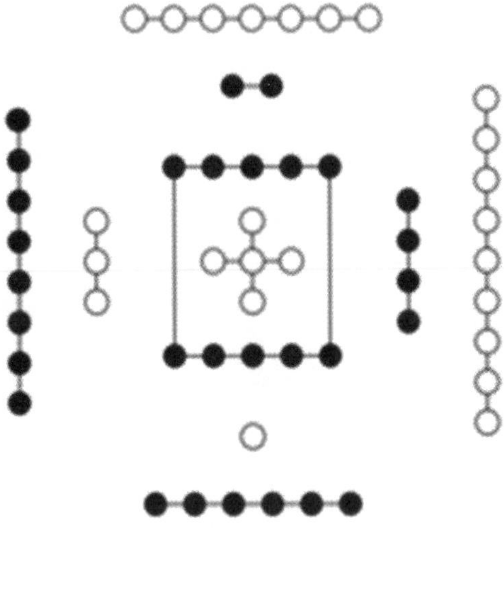

一、六水在北，二、七火在南、三、八木在東，四、九金在西，五、十土居中。

白點為陽，黑點為陰。

我們把東、西、南、北四方位的數字相減，6 - 1 = 5，7 - 2 = 5，8 - 3 = 5，9 - 4 = 5，

中央 10 - 5 = 5。

所以可知5就是本數，這又與大自然是由五行(金、水、木、火、土)演化出來的。

記住河圖演化出來的數字

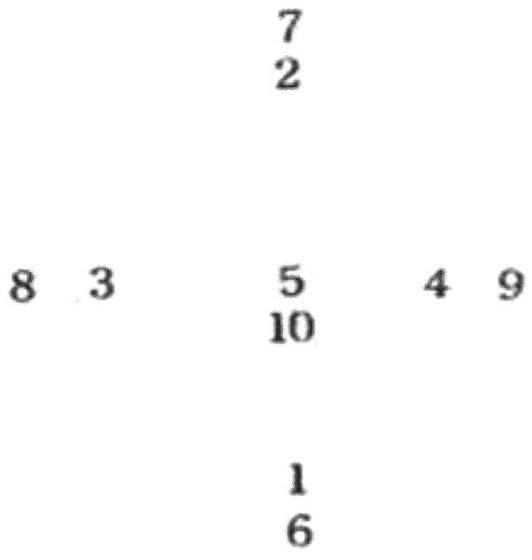

二、洛書

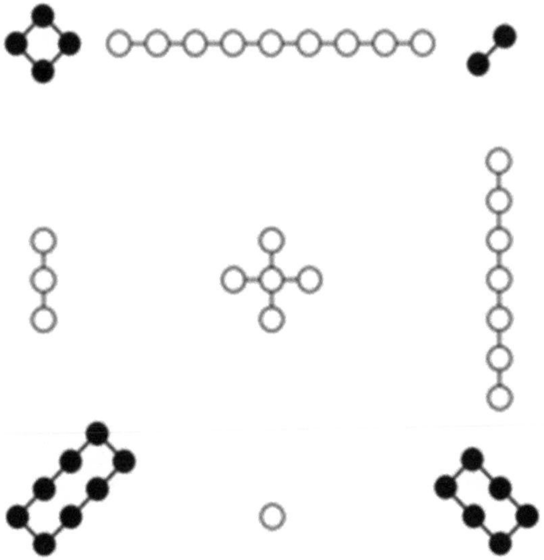

洛書八卦飛星演譯

記住洛書演化出來的數字：

我們記住一個口訣，就是：

戴九履一　左三右七　二四有肩

八六為足　五居中央。

這個數字會與後天卦相謀合。

4	9	2
3	5	7
8	1	6

河圖配先天卦，洛書配後天卦，舉凡風水、卦理，大多以洛書為用，這點很重要。

我們再來看一下：

4	9	2
3	5	7
8	1	6

這個九宮格的數字，把它橫行、直行或者是斜線部分加起來都是15，以後八卦飛星也會運用這個原理來算。

用1到9的數字入中宮飛星來演化

基本圖

4	9	2
3	5	7
8	1	6

我們以5入中宮為例（這是標準圖）

5 6 7 8 9 1 2 3 4

順序下來

我們再來看以6為中宮圖

5	1	3
4	6	8
9	2	7

我們以6入中的宮順序如下

6 7 8 9 1 2 3 4 5

以7為中宮圖

6	2	4
5	7	9
1	3	8

我們以7入中的宮順序如下

7 8 9 1 2 3 4 5 6

以8為中宮圖

7	3	5
6	8	1
2	4	9

我們以8入中的宮順序如下

8 9 1 2 3 4 5 6 7

以9為中宮圖

8	4	6
7	9	2
3	5	1

我們以9入中的宮順序如下

9 1 2 3 4 5 6 7 8

以1為中宮圖

9	5	7
8	1	3
4	6	2

我們以1入中的宮順序如下

1 2 3 4 5 6 7 8 9

以2為中宮圖

1	6	8
9	2	4
5	7	3

我們以2入中的宮順序如下

2 3 4 5 6 7 8 9 1

以3為中宮圖

2	7	9
1	3	5
6	8	4

我們以3入中的宮順序如下

3 4 5 6 7 8 9 1 2

以4為中宮圖

3	8	1
2	4	6
7	9	5

我們以4入中的宮順序如下

4 5 6 7 8 9 1 2 3

先天卦（伏羲八卦）

我們用手掌圖來表示

以上就是飛星的順序。

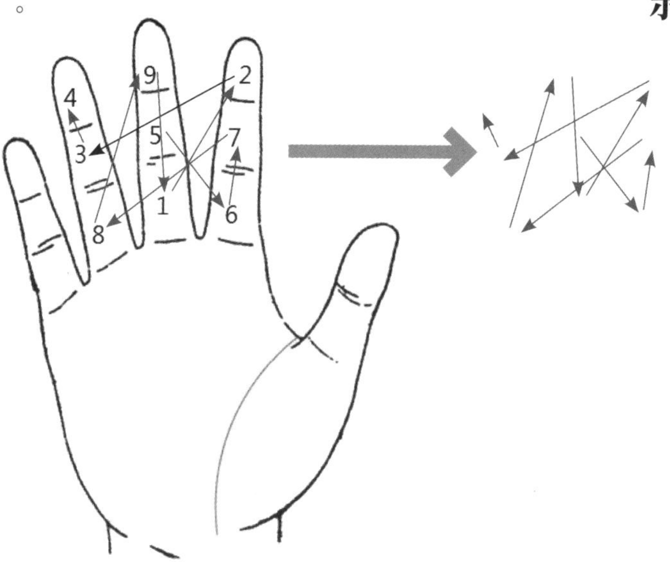

先天卦（伏羲卦）

這是先天卦，天為乾為父、地為坤為母，山為艮為少男、澤為兌為少女，雷為震為長男、風為巽為長女，水為坎為中男、火為離為中女。以上就是陰陽相對，親屬相對。

口訣是：天地定位，山澤通氣，雷風相薄，水火不相射

我們來看看，天為乾、地為坤，山為艮、澤為兌，雷為震、風為巽，水為坎、火為離，它們都是相對的，所以說：天地定位，山澤通氣，雷風相薄，水火不相射。

先天八卦配河圖

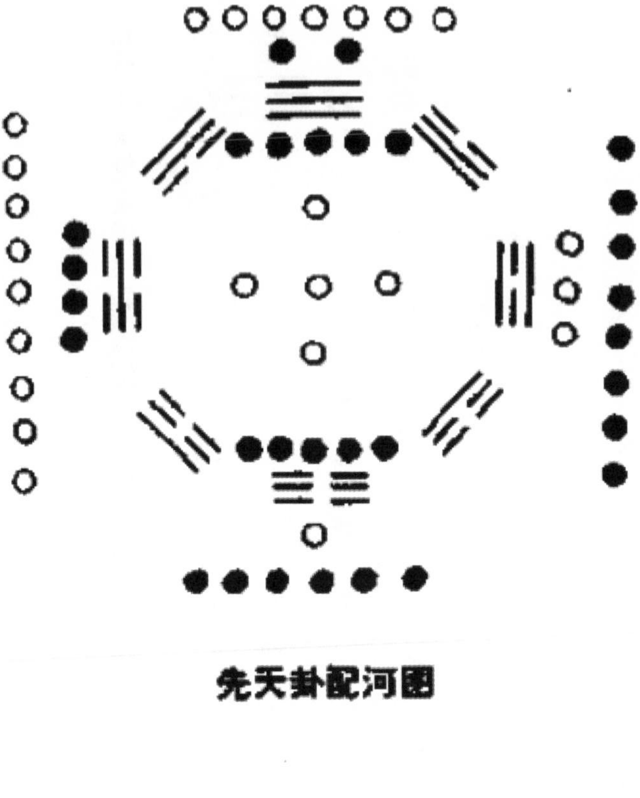

先天卦配河圖

後天卦（文王八卦）

後天八卦圖

文王後天八卦

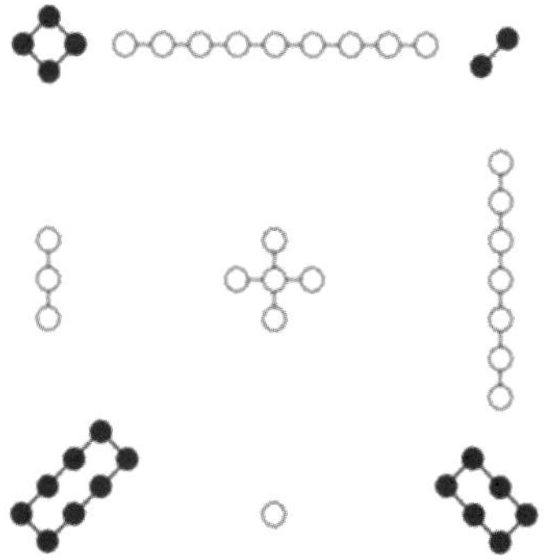

後天八卦合洛書

把八卦、數字（洛書）、方位（卦位）連起來就變成

☴ 東南巽 4	☲ 南離 9	☷ 西南坤 2
☳ 東震 3	中央 5	☱ 西兌 7
☶ 東北艮 8	☵ 北坎 1	☰ 西北乾 6

後天八卦和五行的關係

匹配的結果就是：震為木，巽為木，離為火，坤為土，兌為金，乾為金，坎為水，艮為土。

我們把以上的八卦結合數字、方位、五行變成口訣：

北方一白水、西南二黑土、東方三碧震、東南四綠巽、五黃居中央、西北六乾金、西方七赤金、西南八黑坤、南方九紫火。

好多人不明白為什麼是這樣匹配。其實，這只不過是一個時位關係而已。

比如說：兌為金。不是說兌象徵金屬，而是兌在後天八卦中位置在西方，時間在秋天，這和五行中的金一樣，五行金就是西方、秋天。它們描述的時位一致而已。

按照這個規律去看：

震卦位於東方，時間在春，所以和五行木一致；

離卦位於南方，時間在夏，所以和五行火一致；
兌卦位於西方，時間在秋，所以和五行金一致；
坎卦位於北方，時間在冬，所以和五行水一致；
巽卦、坤卦、乾卦、艮卦，位於四隅，象徵時在長夏，位在中央的五行土。

太極先有陰陽、上下、有無……等對應關係

八卦中也有陰陽及五行的關係

1 陰陽

1.1

易經中混沌之初，太極生兩儀，兩儀生四象，四象變八卦。八卦衍生出六十四卦。因此天地、陰陽、前後、左右、男女、日月、奇偶、凹凸、明暗、空實。都是陰陽對立、互為消長的關係。所謂孤陰不生、孤陽不長。陰陽和合才能孕育萬物。

1.2 談陰陽、表裡、虛實、寒熱這些都代表五行的變化

2 五行的關係

2.1 五行：金、水、木、火、土。

2.2 特性：

2.2.1 金（收斂）：金性形聚，其形散離。

2.2.2 水（流下）：水性向下，其形在上。

2.2.3 木（條達）：上生樹葉，下長根鬚。

2.2.4 火（上炎）：火性向上，其形在下。

2.2.5 土（散離）：土為四方，其形散離。

2.3 相生：木生火、火生土、土生金、金生水、水生木

2.4 相剋：木剋土、土剋水、水剋火、火剋金、金剋木

我們用圖表來說明相生、相剋，這樣比較容易清楚瞭解。

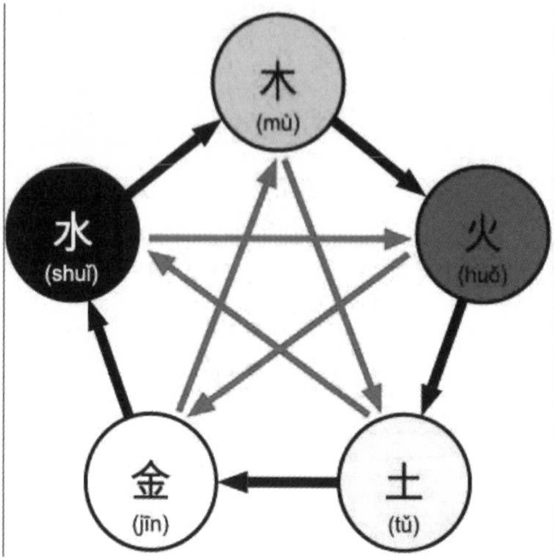

圖中：外環為相生的關係，內側交叉微星形則是相剋。

也就是說：木生火而火來生土，這是相生的關係，要是隔一個屬性，反倒變成相剋了。這樣用圖形來說明生剋就會比較容易記住。

三、五行所屬配合天干

五行	木	火	土	金	水
屬性	植物	溫度	土壤	礦物	河流
行性	條達	上炎	往來	收斂	流下
數字	1　2	3　4	5　6	7　8	9　0
方位	東	南	中	西	北
天干	甲乙	丙丁	戊己	庚辛	壬癸
地支	寅卯	巳午	辰戌丑未	申酉	亥子
五色	青	赤	黃	白	黑
五臟	肝	心、心包	脾	肺	腎
腑	膽	小腸、三焦	胃	大腸	膀胱
季節	春	夏	四季	秋	冬
五行	木	火	土	金	水
五氣	燥	焦	香	腥	腐
五常	仁	禮	信	義	智
五味	酸	苦	甘	辛	鹹
五液	淚	汗	涎	涕	唾
五音	角	微	宮	商	羽
五聲	呼	笑	歌	哭	呻
五藏	魂	神	意	魄	志
五志	怒	喜	思	憂	恐
五色	青	赤	黃	白	黑
五官	眼	舌	唇	鼻	耳
九星五行	三碧 四綠	九紫	二黑 五黃 八白	六白 七赤	一白

這個表要記熟，初學者不妨印出來，若要卜人、事、時、地、物非常好用，甚至於問健康、傷在何處……。問卦者何人？所問之人事又是何種關係？雖然問卦者不說，但是卦象都可以說明為何？一解卦，常讓問卦者瞠目結舌，常說有如半仙！以後會在解卦範例中來說明。

四、五行屬性配合卦位

五行	木	火	土	金	水	宇宙間「五數」的資訊與五大系統的對應
八卦	震、巽	離	坤、艮	乾、兌	坎	後天之學與五大系統的吻合
十干	甲、乙	丙、丁	戊、己	庚、辛	壬、癸	太陽運行與五大系統的關係
五季	春	夏	長夏	秋	冬	太陽輻射角與五大系統的關係
五方	東	南	中	西	北	地球自轉與公轉引起的磁場定位
五氣	風	暑	濕	燥	寒	氣候移易引起的環境變化
五化	生	長	化	收	藏	物相及其屬性的變化
五色	青、綠	赤、紅	黃	白	黑、紫	電磁波（可見光）的長短變化
五味	酸	苦	甘	辛	鹹	性味與五大系統的內在聯繫
五音	角	徵	宮	商	羽	音調清濁間的漸變
五聲	呼	笑	歌	哭	呻	外在的情緒變化
五數	3	2	5	4	1	河圖天地數與八卦的配屬
五體	筋膜	血脈	肌肉	皮毛	骨髓	生命機體的五種結構形態
五官	眼	舌	口	鼻	耳	人體五分支的次級分枝
五臟	肝	心	脾	肺	腎	與五體、五官、五華相通
六腑	膽	小腸	胃	大腸	膀胱	「五腑」合「三焦」習稱六腑
五常	仁	禮	信	義	智	源自於「五」數的倫理規範
五務	行	視	坐	臥	立	人體五種動靜狀態
五腧	井	滎	俞	經	合	經絡的通道與門戶（穴位）
五情	怒	喜	思	悲	恐	內在情感（情志）的外顯
五精	魂	神	意	魄	志	精神與五臟的內在牽連

五行之旺相休囚死

3.1 當生者旺、所生者相、我剋者死、剋我者囚、生我者休

3.2 木：旺於春、相於冬、休於夏、囚於四季、死於秋

3.3 火：旺於夏、相於春、休於四季、囚於秋、死於冬

3.4 土：旺於四季、相於夏、休於秋、囚於冬、死於春

3.5 金：旺於秋、相於四季、休於冬、囚於春、死於夏

3.6 水：旺於冬、相於秋、休於春、囚於夏、死於四季

五行之旺相休囚死易見表

	木	火	土	金	水
春	旺	相	死	囚	休
夏	休	旺	相	死	囚
四季	囚	休	旺	相	死
秋	死	囚	休	旺	相
冬	相	死	囚	休	旺

見表，我們只要瞭解，先瞭解季節，先有春再有夏，然後放上四季，再放入秋及冬，然後，同氣者為旺，如木生於春天（春屬木），旺了以後就休息了，休息以後叫被囚，因太久了就死了（沒有生氣），死後重生為相。這樣就比較好背了。

我們把天干、五行配合方位以及相生、相剋做一個圖表就能看出端倪，也不用去死背了。

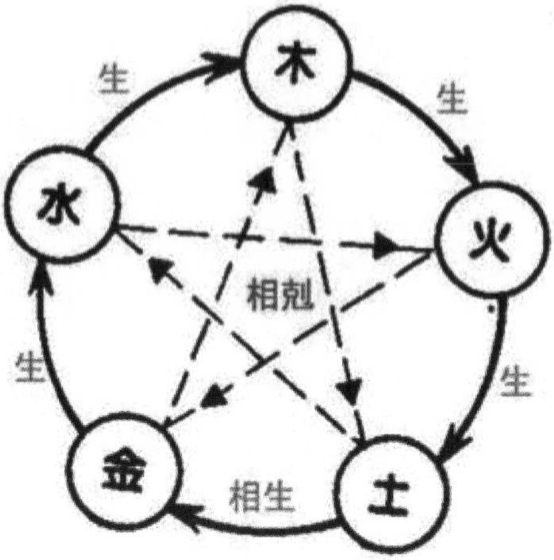

十天干與周遭事物之比對

甲木：高樹、樹林、電線桿。

乙木：矮樹、樹叢、花草園、矮籬笆。

丙火：強光、大燈、燃燒爐、焚化爐、高熱爐。

丁火：弱燈、燭光。

戊土：山、高大建築、空曠土地。

己土：小空地、道路。

庚金：高大金屬物、大型機械、斧。

辛金：小金屬物、小型機械、飾金、玉石、金屬工具。

壬水：大湖、海洋、波濤大水、大溪流。

癸水：泉水、露水、小溪流、小池塘。

十天干與臟腑之關係（內在）

甲膽　陽木

乙肝　陰木

丙小腸　陽火

丁心　陰火

戊胃　陽土

己脾　陰土

庚大腸　陽金

辛肺　陰金

壬膀胱　陽水

癸腎臟　陰水

以上是以日主的天干為主，讀者可以把自己及親友的日主天干拿來對照一下，就可以知該人外表的個性（天干為外表，地支為內在）。

歌訣：　甲膽乙肝丙小腸、丁心戊胃己脾鄉、

庚屬大腸辛是肺、壬是膀胱癸腎臟。

以木來說甲乙屬木　　肝、膽互為表裡

以火來說丙丁屬火　　小腸、心互為表裡

以土來說戊己屬土　　胃、脾互為表裡

以金來說庚辛屬金　　大腸、肺互為表裡

以水來說壬甲癸屬水　　膀胱、腎臟為表裡

為什麼我們要看臟腑的關係?將來我們在梅花易數排盤時，看到五行所代表的生剋制化，就可以瞭解該命主的健康關係以及流年到時，會發生哪些疾病?所以……還是得瞭解才好!

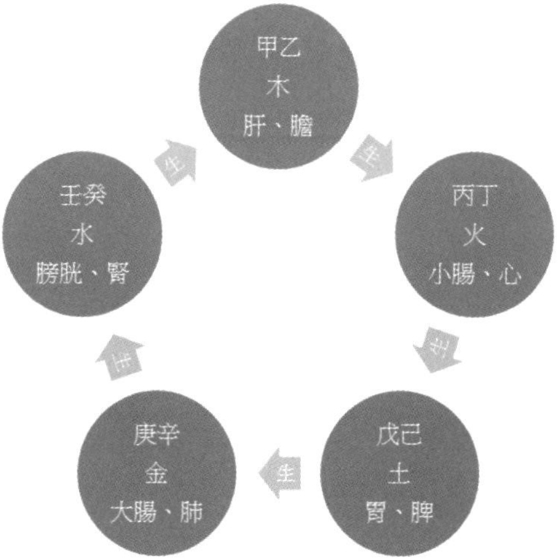

五、八卦定陰陽次序

☰ 乾為父，☳ 震長男，☵ 坎中男，☶ 艮少男；

☷ 坤為母，☴ 巽長女，☲ 離中女，☱ 兌少女。

八卦屬性

	自然	方位	季節	特性	家人	肢體	動物	卦數
	天	西北	秋冬間	健	父	首	馬	1
	地	西南	夏秋間	順	母	腹	牛	8
	雷	東	春	動	長男	足	龍	4
巽	風、木	東南	春夏間	入	長女	股	雞	5
坎	水、雨	北	冬	陷	次男	耳	豬	6
離	火、日	南	夏	附	次女	目	雉	3
艮	山	東北	冬春間	止	少男	手	犬	7
兌	澤	西	秋	悅	少女	口	羊	2

六、六十四卦卦序（按八宮分）

1. **乾宮** 天天乾1 澤天夬43 火天大有14 雷天大壯34 風天小畜9 水天需5 山天大畜26 地天泰11

2. **兌宮** 天澤履10 澤澤兌58 火澤睽38 雷澤歸妹54 風澤中孚61 水澤節60 山澤損41 地澤臨19

3. **離宮** 天火同人13 澤火革49 火火離30 雷火豐55 風火家人37 水火既濟63 山火賁22 地火明夷36

4. **震宮** 天雷無妄25 澤雷隨17 火雷噬嗑21 雷雷震51 風雷益42 水雷屯3 山雷頤27 地雷復24

5. **巽宮** 天風姤44 澤風大過28 火風鼎50 雷風恆32 風風巽57 水風井48 山風蠱18 地風升46

6. **坎宮** 天水訟6　澤水困47　火水未濟64　雷水解40　風水渙59　水水坎29　山水蒙4　地水師

7. **艮宮** 天山遯33　澤山咸31　火山旅56　雷山小過62　風山漸53　水山蹇39　山山艮52　地山謙15

8. **坤宮** 天地否12　澤地萃45　火地晉35　雷地豫16　風地觀20　水地比8　山地剝23　地地坤2

為了方便初學者練習，以下將伏羲六十四卦卦象大意概說如下：

1. **乾為天：**天行剛健，自強不息，擇善固執。
2. **天澤履：**如履薄冰，險中求勝，有想不開的傾向。
3. **天火同人：**同流集結，正心誠意，與人和同，二人同心，其利斷金。
4. **天雷無妄：**真實無虛妄。
5. **天風姤：**邂逅之意，因緣際會，隨緣聚散。

6. **天水訟：**兩敗俱傷，久爭無益，官司牢獄，婚姻障礙。
7. **天山遯：**逃避，宜退不宜進，烏雲密佈，獨善其身，修身養誨。
8. **天地否：**陰陽不交，閉塞不通，上下不和。
9. **澤天夬：**決裂、切斷，宜提高警覺，虧中有益，先損後益。
10. **兌為澤：**喜悅，天降甘澤，使人怡悅。
11. **澤火革：**改革、革除，改舊納新。
12. **澤雷隨：**跟隨，隨機，忌獨斷獨行。
13. **澤風大過：**犯大過錯，力弱不支，力不從心，負擔過重。
14. **澤水困：**受困，龍游淺灘遭蝦戲。
15. **澤山咸：**感動、感應，少男少女彼此好感，或新婚燕爾。
16. **澤地萃：**聚集精華，滋養草木，生長茂盛，群英薈萃。
17. **火天大有：**如日中天，遍照大地萬物，事業佳。

18. **火澤睽：**二女同居，陰陽失調，乖離、猜忌、離異，兩情相違。

19. **離為火：**光明華麗，上下通明，但有點不實在、不確定。

20. **火雷噬嗑：**口中有物，必須努力咬斷，才能合攏，象徵諸事不順，務必辛苦克服，才有成功的機會。

21. **火風鼎：**鼎為烹飪之具，以鼎器烹調食物，象徵去舊立新，改過遷善。

22. **火水未濟：**陰陽失調，上下不通，尚未到成功的時候。

23. **火山旅：**旅行，象徵不安，或是諸事變動不定。

24. **火地晉：**加官晉祿，日出地平面，照臨大地，光明上進，更上層樓，考試上榜。

25. **雷天大壯：**壯大，雷聲響亮天際，正大光明。

26. **雷澤歸妹：**歸即出嫁之意，少女配長男，或是浮雲蔽日。

27. **雷火豐：**大豐收，文采豐盛，贏得廣大的慶賀與讚譽。

28. **震為雷：**震動、變動、震驚。

29. **雷風恆：**恆常、持久、萬事亨通，應該安守本份、永恆不變的努力，避免妄動招災。

30. **雷水解：**解除困難，冬去春來，春雷行雨，再現生機。

31. **雷山小過：**飛鳥遺音，密雲不雨，雷聲被山阻隔，雷聲減小，上逆下順，宜做小事，大事不宜。

32. **雷地豫：**安樂和豫，萬物欣欣向榮，凡事應有備而戰。

33. **風天小畜：**密雲不雨，蓄養實力，實力有限，力不從心，故宜忍耐，以待天時，時機到則有小斬獲。

34. **風澤中孚：**誠信，風吹在水澤上面，水澤必相應共鳴而興波。

35. **風火家人：**家庭倫理，團聚，喜慶，添丁婚嫁，終成美眷。家人同心協力，開花結果與發展。

36. **風雷益：**利益，得助，損上益下，有所往有利。渡大河有利。

37. **巽為風**：風為無孔不入，但應卑順行事，風行草偃，上行下效。

38. **風水渙**：渙散，冰雪消解。但利涉大川。

39. **風山漸**：山上種樹木，逐漸成長，比喻量力循序漸進，不可勉強，則能漸入佳境。

40. **風地觀**：景物可觀，百花齊放，可周遊觀覽。

41. **水天需**：期待，雲於天上而未雨，不能躁進，應等待時機。

42. **水澤節**：節制，澤為蓄水池，可蓄積水份不使流失，亦可約束河流不使氾濫，象徵有原則、勤檢克己。

43. **水火既濟**：象徵成功，或是金榜提名，但應防物極必反，初吉後凶。

44. **水雷屯**：身處困境，艱辛的步步為營，欲進卻不得進。

45. **水風井**：利用汲器入井取水，象徵用賢，但無法進取主動，不如處之泰然。

46. **坎為水**：危機重重，險惡，向下內斂，進退兩難，應沉著應付。

47. **水山蹇**：前有深水險陷，後有高山阻攔，進退維谷，如跛腳走路，象徵辛苦、艱難。

48. **水地比：**比鄰相輔相成，和樂親切，眾星拱月。

49. **山天大畜：**積小成大，不可好高騖遠，應腳踏實地，可有大斬獲。

50. **山澤損：**折損，惹禍，破財。

51. **山火賁：**裝飾，美化，日落西山，雖然燦爛，但光明漸消失。

52. **山雷頤：**頤養，接受供養，有依靠，有賢內助或好先生。

53. **山風蠱：**物腐蟲生，四處留情，煩惱徒增。

54. **山水蒙：**啟蒙，教育，最初時像童蒙般迷惑，因此凡事應多聽取別人意見。

55. **艮為山：**兩座山阻塞前路，象徵停止不動，或是保守穩重，宜止不宜進。

56. **山地剝：**剝落，山在地面，山石崩落，正義被損，倒楣。

57. **地天泰：**上下和睦，平安吉祥，亨通無阻，泰平。

58. **地澤臨：**君臨，貴人大駕光臨。地面的水流進水澤，水澤的水灌溉地面，相輔相成，生生不息。

59. **地火明夷：**太陽沉沒在地平面之下，黑暗時代，身心傷害，應韜光養晦。

60. **地雷復：**恢復健康，春回大地，一元復始，萬象更新。

61. **地風升：**上升，樹木從地上向上成長，象徵勇往直前，或名利雙收，發展進升。

62. **地水師：**率軍作戰，出師攻伐。

63. **地山謙：**代表謙遜，山本在地面上，卻像寶藏一般埋在地下，像個謙謙君子，讓人覺得人虛懷若谷。

64. **坤為地：**象徵柔順與包容，大地包容萬物，以德服眾，以柔制剛。

六十四卦次序圖

上卦 / 下卦	乾 7 天	兌 6 澤	離 5 火	震 4 雷	巽 3 風	坎 2 水	艮 1 山	坤 0 地
乾 7 天	63 乾為天	62 澤天夬	61 火天大有	60 雷天大壯	59 風天小畜	58 水天需	57 山天大畜	56 地天泰
兑 6 泽	55 天澤履	54 兌為澤	53 火澤睽	52 雷澤歸妹	51 風澤中孚	50 水澤節	49 山澤損	48 地澤臨
离 5 火	47 天火同人	46 澤火革	45 離為火	44 雷火豐	43 風火家人	42 水火既濟	41 山火賁	40 地火明夷
震 4 雷	39 天雷無妄	38 澤雷隨	37 火雷噬嗑	36 震為雷	35 風雷益	34 水雷屯	33 山雷頤	32 地雷復
震 4 雷	39 天雷無妄	38 澤雷隨	37 火雷噬嗑	36 震為雷	35 風雷益	34 水雷屯	33 山雷頤	32 地雷復
巽 3 风	31 天風姤	30 澤風大過	29 火風鼎	28 雷風恒	27 巽為風	26 水風井	25 山風蠱	24 地風升
坎 2 水	23 天水訟	22 澤水困	21 火水未濟	20 雷水解	19 風水渙	18 坎為水	17 山水蒙	16 地水師
艮 1 山	15 天山退	14 澤山咸	13 火山旅	12 雷山小過	11 風山漸	10 水山蹇	9 艮為山	8 地山謙
坤 0 地	7 天地否	6 澤地萃	5 火地晉	4 雷地豫	3 風地觀	2 水地比	1 山地剝	0 坤為地

第三篇

梅花易數起卦法

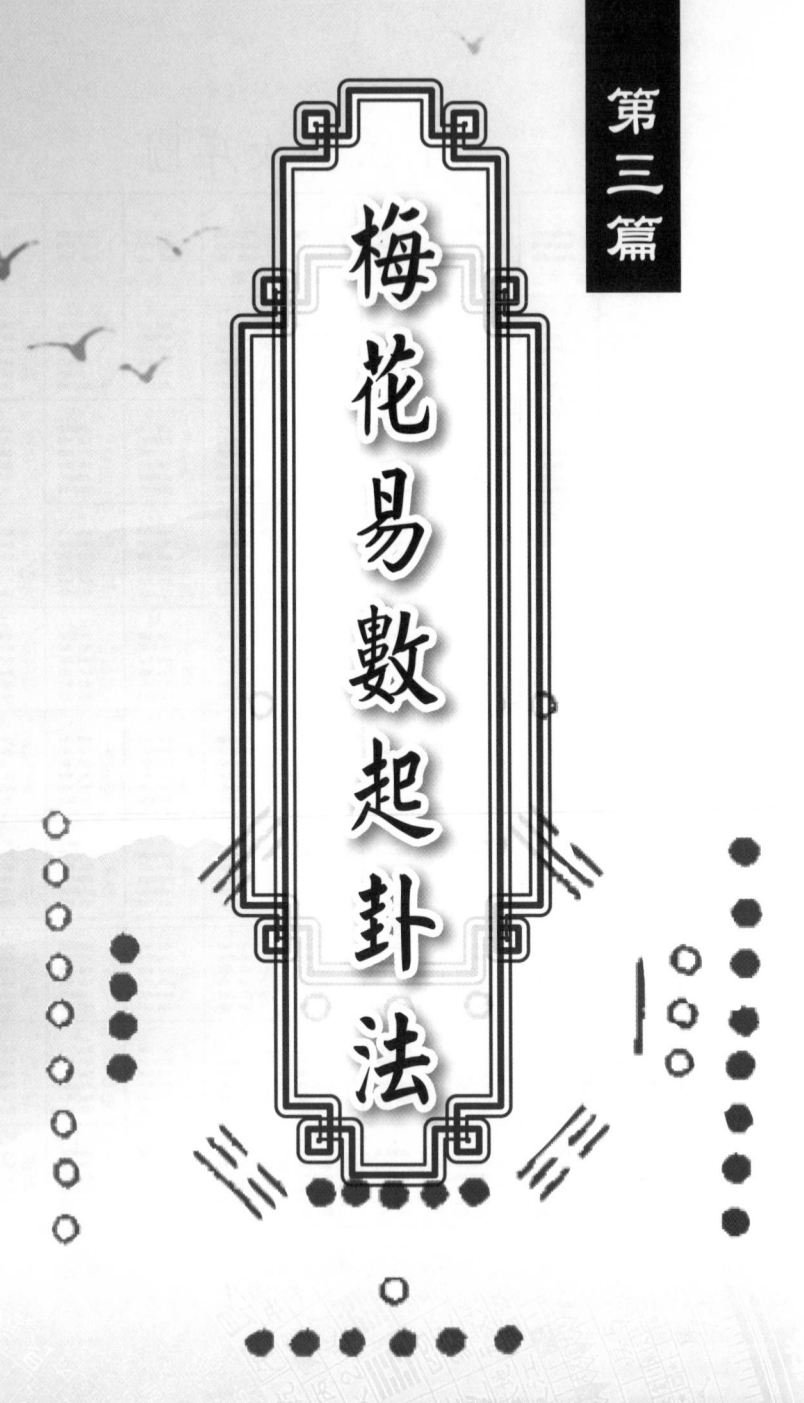

第三篇 梅花易數起卦法

1、年、月、日、時起卦

即以農曆之年、月、日總和除以8，以餘數為卦數求上卦；以年、月、日、時總和除以8，以餘數為卦數求下卦，再以年、月、日、時總和除以6，以餘數為動爻。

例：農曆壬申年四月十一日巳時起卦：申年9數，巳時6數。

上卦為：（年＋月＋日）除以8，取餘數。即：（9＋4＋11）÷8，餘數為8，為坤卦。

下卦為：（年＋月＋日＋時）除以8，取餘數。即：（9＋4＋11＋6）÷8，餘數為6，為坎卦。

動爻為：（年＋月＋日＋時）除以6，取餘數。即：（9＋4＋11＋6）÷6，餘數為6，動爻為六爻。

此卦為：上卦為坤，下卦為坎，動爻為六爻。

2、直接以數起卦

這是一種簡便而準確率極高的起卦方法。當有人求測某事時，可以讓來人隨意說出兩個數，第一個數取為上卦，第二個數取為下卦，兩數之和除以6，餘數為動爻，或者可以隨便借用其他能得到兩數的辦法起卦，如翻書、日曆等等。

3、端法後天起卦

端法後天起卦法是以「八卦萬物屬數為上卦，以後天八卦方位下卦」，即以物或人所取之象為上卦，以其所在後天八卦方位之卦為下卦，以上、下卦數加時數除以6，餘數取動爻。這種方法經常使用。

4、按聲音起卦

凡聞聲音，數得聲數起作上卦，加時數配作下卦。如動物鳴叫聲、叩門聲、別人說話聲皆可起卦。若所聞聲音中有一間隔，可以把間隔前聲數取作上卦，把間隔後聲數取作下卦，以上、下卦數加時辰數取動爻。

5、按字的筆劃數或字數起卦

字少時，按筆劃數，字多時，可用字數起卦。

凡見字數，如停勻，即平分一半為上卦，一半為下卦。如字數不勻，即少一字為上卦，取「天輕清」之義；以多一字為下卦，取「地重濁」之義。

6、丈尺寸起卦

凡數皆可起卦，丈尺、尺寸皆為數，亦可起卦。

丈尺之物，以丈數為上卦，尺數為下卦，合丈、尺之數取爻（數寸不繫）。

尺寸之物，以尺數為上卦，寸數為下卦，合尺、寸之數取爻（分數不用）。

7、起卦加數法

按年、月、日、時起卦，一個時辰之內，只有某一特定的卦象，在同一時辰內，可能有多人來占問，不能以同一卦象斷事，或有多人同來問同一件事者，亦不能以同一卦象論之。為解決這一問題，可用加姓氏筆劃數的方法，進行起卦決之。

8、物數占

凡見有可數之物，即以此物起作上卦，以時數配作下卦，即以卦數加時數，總數除以6，取動爻。

9、為人占

凡為人占，其例不一。或聽語聲起卦，或觀其人品，或取諸身，或取諸物，或因其服色、觸其外物，或以年、月、日、時，或以書寫來意。

聽其語聲音，如或一句，即如其字數分之起卦。如語兩句，即用先一句為上卦，後一句為下卦。語多，則但用初聽一句，或末後所聞一句，餘句不用。

觀其人品者，如老人為乾，少女為兌之類。

取諸其身者，如頭動為乾，足動為震，目動為離之類。

取諸其物者，如人手中偶有何物，如金玉及圓物之屬為乾，土瓦及方物之屬為坤之類。

因其服色者，如其人青衣為震，赤衣為離之類。

觸其外物者，起卦之時，見水為坎卦，見火為離卦之類。

以年、月、日、時者，即以求問時之年、月、日、時起卦。

書寫來意者，其人來占，或寫來意，則以其字占之。

10、自己占

凡自己欲占，以年、月、日、時，或聞有聲音，或觀當時有所觸之外物，皆可起卦。

11、占動物

凡占群物之動不可起卦。如見一物，則就此物為上卦，物來之方位為下卦，合我卦數及方位卦數加時數取爻。以此卦總斷其物。如後天占牛鳴雞叫之類。又凡牛、馬、犬、豬之類，初生，則以初生年、月、日、時占之。又或置買此物，亦可以初置買之時推之。

12、占靜物

凡占靜物，有如江河山石，不可起卦。若至屋宅樹木之類，則屋宅初創之時，樹木初置之時，皆可起卦。至於器，則置成之時可占，如枕椅之類是矣。餘則無故不占。若《觀梅》，則見雀爭枝墜地而占；《牡丹》，則自有問而占；《茂樹》，則枝枯自墜而後占也。

13、現代簡易占卜法

我們捨棄前人繁複的占卜方式（若讀者願意用古法演算。無妨！），套用現在簡單的方式來用，我舉幾個方式讀者不妨試試看。

1. 我們取米一把，第一次取米，取其數量除以8的餘數為上卦（米粒不可有破損），第二次取米取其數量除以8的餘數為下卦，再把第一次及第二次取米的數量加上時辰數（子時為1、丑時為2……以此類推），取其總數除以6，取其餘數為變爻（八卦最下面一爻為第一爻）。

2. 第二種方法就是翻書，取其頁數，如第一次158頁，就是1加5加8等於14，14再除以8餘6，按照乾1、兌2、離3、震4、巽5、坎6、艮7、坤8，所以上卦為坎☵，第二次39頁，3加9等於12，12除以8餘4，按照上述的表就是震☳，這樣重卦（上、下卦）上卦為坎（水），下卦為震（雷）。水雷屯：身處困境，艱辛地步步為營，欲進卻不得進。

如果是中午12點，那就是午時，時辰數為7，所以14加12再加7等於33，除以6餘3，所以變爻為第3爻，若加上變卦下卦為震（雷）卦 ☳ 變為離卦（☲），則變卦的重卦為水火既濟：象徵成功，或是金榜提名，但應防物極必反，初吉後凶。

所以由此卦的重卦，初期由水雷屯變為水火既濟，此卦有否極泰來的論斷，再參考體卦、用卦及上、下互卦的五行生剋及卦中的屬性，我們就可以知道全盤的脈絡了。常常有人來問卦，想知道結果卻沒有說出緣由，我就可以從卦中的相互關係，知道裡面暗藏的是什麼人、第三方的關係……，這些論斷能讓問卜者嘖嘖稱奇，就把沒說的完整說了一遍，也可以知道是哪些人在從中作梗？這些會在後面的例題中來說明。

3. 同理，我們可以任意兩組數字各除以8為上、下卦，加以當日的時間除以6為變爻，或是午時看車牌號碼，如4852XX，48為上卦，4加8為12，除以8餘4，即上卦為震（☳），52為5加2等於7，下卦為艮（☶）雷山小過：飛鳥遺音，密雲不雨，雷聲被山阻隔，雷聲減小，上逆下順，宜做小事，大事不宜。再加上時間午時為7，所以12加7加7等於26，除以6餘2，所以第二爻艮（☶）變巽（☴），重卦為雷風恆：恆常、持久、萬事亨通，應該安守本份，永恆不變的努力，避免妄動招災。下卦艮即為變卦。

總結：梅花易數取卦很隨意，不必拘泥方式，隨時隨地可利用各種事物取卦。

第四篇

斷卦方法

第四篇　斷卦方法

一、體、用、變卦及斷卦

所以**體卦就是我們要問的人或事物，而用卦、互卦及變卦都是與體卦相互作用所產生五行的生、剋、同旺的關係**，成卦之後，應把卦分為三種，即本卦、互卦、變卦。再根據動爻區分出體卦、用卦，動爻所在的卦為用卦，另一個為體卦，這就明瞭一體一用。

根據八卦之五行，明確生剋比和之理，這對於看用卦及體卦的關係非常重要。而互卦、變卦屬於用卦的一部分，體卦與用卦、互卦、變卦的關係，就是內卦的體用關係。還要看外部的預兆，即應卦，而應卦也屬於體用卦的一部分，再加上內卦的體用關係，這就是綜合內外卦的體用關係。

然而在具體的占卜過程中，並不僅僅看體卦、用卦的關係，而是要看所有卦與體卦的關係（這些卦包括本卦、用卦、互卦、變卦，也包括方位、聲音、言語、地理、天時之類的應卦）。即所謂的體一用百，體用關係一明確，就可以根據體用關係來預測事物的吉凶。

事物的發生和發展往往是吉凶參半，並非一帆風順的，因而其過程難免是複雜的。要達到知其過程這一步，除了明瞭簡單的體用生剋關係、明瞭外應對於體用的關係外，還必須明瞭如下原則，即「生體多者則愈吉，剋體多者則愈凶。然有此卦生體，諸卦剋此卦者，頗減其吉。然有此卦剋體，諸卦剋此卦者吉」。生生剋剋的關係非常複雜，弄懂這些複雜生生剋剋的關係，對於正確預測非常重要。

二、先、後天卦定應期的方法

先天卦定應期的方法與後天卦定應期的方法不同。用先天起卦法斷卦定應驗之期，常常用卦氣來確定。如果是乾卦，因為乾屬金，那麼應期應定在庚日、辛日或五行中屬金的日子（如申日，酉日）。或者乾之應期應定在戌日、亥日，因為乾在八卦方位中為西北方，而戌、亥亦在西北方。或者兌之應期應定在酉日酉時。再比如，震、巽之應期當定於甲日、乙日，以及五行中屬木的日子（如寅日、卯日）。或者震卦之應期應定在卯日卯時，巽卦之應期應定在辰日辰時等等。後天起卦法斷卦定應驗之期則多以卦數加時數來定，又根據當時求卜者行、臥、坐、立的姿態或者求占者心情的遲緩與急速的情況，來確定事物的應驗之期。用卦數加時數來定應期的方法，是在近期而不是應在長遠之期的，就沒有必要斷為長遠之期。有許多複雜情況，必須綜合先天卦數與後天卦數來斷定應期，亦不可執於一端。

三、占斷總訣大抵梅花易數預測的方法，是在成卦之後，按照如下步驟進行的：

首先，看《周易》的卦辭、爻辭，根據卦爻辭來助斷吉凶。如占得乾卦初九爻動，其爻辭是「潛龍勿用」，那麼就可以說什麼事情都難以有所作為，應該等待時機，伺機而為。如占得乾卦九二爻動，其爻辭是「見龍在田，利見大人」，那麼就可以拜謁貴人。其他卦爻辭皆可根據此類規則而推斷。其次，區分卦之體用，以體用五行生剋比和關係來推斷吉凶。體用即指動靜之說，即根據動爻來區分體卦、用卦。體卦為主、為自己，用卦為次、為所占之事或所占之人。用卦生體卦，或體用比和，則所謀吉利，體卦生用卦，或者用卦剋體卦，所謀之事不吉，難以辦成之象。再次，透過剋應來助斷吉凶。所謂剋應，即成卦或析卦的過程中所出現的外界事物的突然變化，即所謂外應，古人認為這些細微變化亦預示了事物變化發展的趨勢。比如，聽到有人說吉利的話語，或看到某些好兆頭，就是吉利的先兆，可以斷為吉。聽到有人說凶惡的話語，或看到某些凶惡的兆頭，則可斷為不吉而凶。如果見到圓物，則預示事情容易辦成功，如果見到殘缺，損壞了的物體，則預示事情不順，最終不成。最後，根據占卜時卜者的動靜狀況來確定應驗之期。如果是坐著求占的，則表示應期較遲；如果是在行走過程中求占的，則表示應期較短，所占問的事情會迅速完成。如果是在跑動或近乎跑的過程中問占的，則表示事成或事敗更為迅速；如果是在躺著的狀態下求占的，則表示所占問的事情的成敗最為遲緩。對以上幾種情況都予以觀察，就完全可以掌握占卜的道理。在占斷的過程中，必須以易卦為主，剋應做為占斷的輔助。如果易卦和剋應都很吉利，那麼所占問的事情會大吉大利。如果兩者有一凶一吉，那麼必須詳細地審查卦辭、爻辭的吉凶，以及體用生剋比和的具體狀況和剋應所預示的吉凶涵義，綜合來斷吉凶。總之，占卜的關鍵就在於圓融變通，最忌膠柱鼓瑟、偏執一端。

四、占斷論理訣

梅花易數預測的理論固然確切精當，但必須用「理」來闡釋它，必須義理象數結合，才能算是完備。如果只講數的推算而不講事物之常理，則往往偏於一端、拘其一見，而難以達到靈驗的目的。比如占問飲食時起得震卦，從卦象來看震可為龍，但就飲食而言，從常理來看，龍是一種不可得到的神物，與飲食無關，應當以鯉魚之類取而代之。又比如占天時起得震卦，從卦象來看震占天時應有雷聲，但若在冬天占天時起得震卦，以常理而論之，冬天不可能有雷聲，應當斷為狂風呼嘯而樹撼物動、飛沙走石之類的情形。梅花易數預測占卜決斷吉凶禍福，固然以體卦用卦之生剋比和關係為主，但也有不按照體用之生剋比和關係來決斷吉凶的。比如在《梅花易數》起卦例中的「西林寺額占」中，起得山地剝卦，體卦、用卦、互卦、變卦五行俱屬土，俱為比和，照說應為大吉之象，然而仍然斷為不吉，這是為什麼呢？因為寺廟本來是純陽之人居住的地方，應顯現純陽之象，但所起之卦卻是陰爻、陰卦居多，陰氣過盛之象，故對寺廟不利。像這樣的道理已經非常明顯，因而也就沒有必要拘執體用，而可以直接據理而斷，不能偏於一見，執其一端，而應綜合判斷之。懂得占卜的總原則和具體訣竅，又能明瞭事物之常理做到數與理合，占卜之道就一覽無遺、盡為所用，也就知曉占卜之奧祕了！

第五篇

心易體用總訣

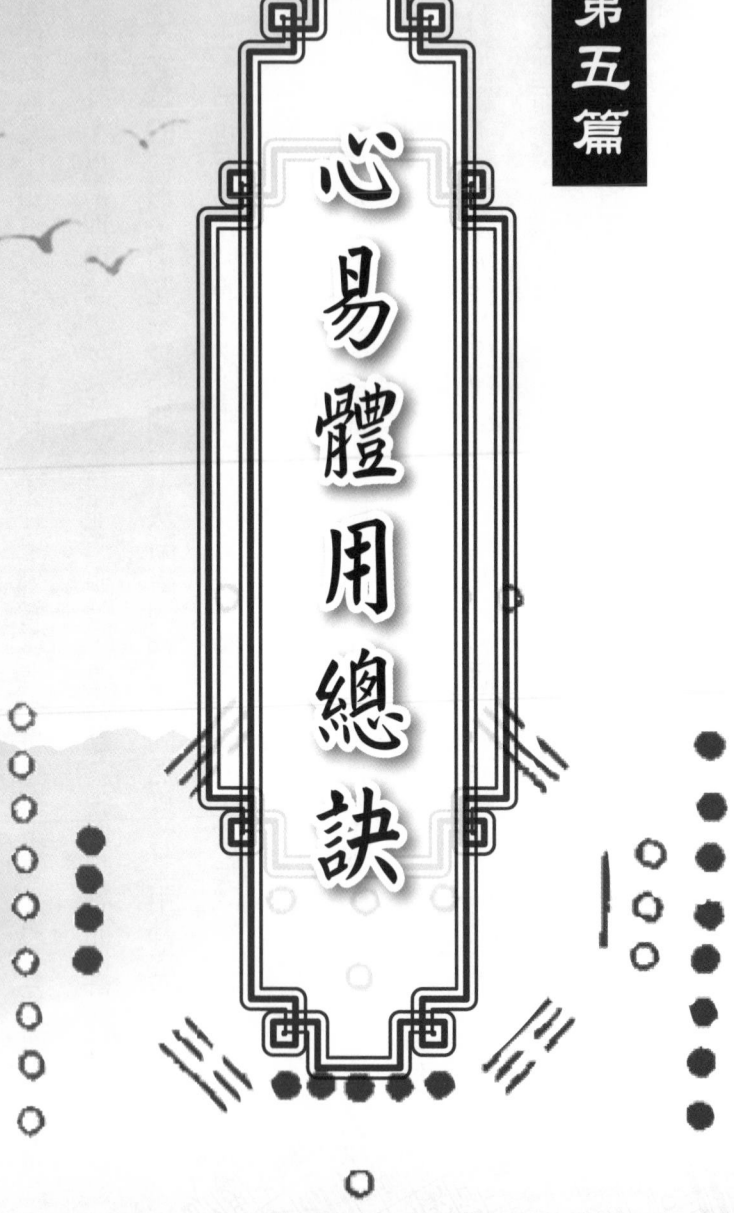

第五篇 心易體用總訣

所謂「體用」，比如《周易》之八卦，一方面涵括《周易》之道，另一方面又具有占卜的功用，那麼我們就可以講易道的易卦為體，而把卜筮算作《周易》的一個功用，這就是此處所指的體用。

梅花易數所講的體用，是借助「體用」來區分動卦與靜卦，來做為主卦和客卦的徵兆，並把其做為占筮的準則。關於體用的學說，大抵可以這樣概括：以體卦為主體，做為自己，以用卦為他人，也為所占之事。互卦表示所占事物中所出現的人或事，外應和變卦則表示所占事物最終發展階段上所出現的人或事以及事物的最終結局。

體卦的卦氣宜旺盛，不宜衰弱。如春天震、巽卦氣旺，秋天乾、兌卦氣旺，夏天離卦氣旺，冬天坎卦氣旺，四季之月則坤、艮卦氣旺。卦氣衰弱的，春季坤、艮卦氣衰，秋季震、巽卦氣衰，夏季乾、兌卦氣衰，冬季離卦氣衰，四季之月坎卦卦氣衰。

體卦宜受他卦的生扶，不宜受他卦的剋制。所謂他卦，是指用卦、互卦、變卦。所謂體卦宜受他卦之生，比如體卦是乾、兌金☱卦，則宜受坤、艮土卦生，坤、艮為體卦，離火☲可以生之，離火☲為體卦，則震、巽木卦可以生之。其餘的可以仿此。體卦受剋者，如金卦為體，則火卦剋之，如火為體，則水來剋之等等。

體用的學說，包含著事物動、靜的玄機，可以區分主卦、賓卦，並有著五行生剋比和的諸種不同。

體卦表示所占者自己這方面的徵兆，用卦表示所占之人或事的端緒。體卦宜於受用卦生扶，用卦宜被體卦剋制。體卦卦氣旺盛則吉利，體卦卦氣衰弱則凶險。用卦剋制體卦固然不好，體卦生用卦也不是吉利的事情。體卦的同類多則體卦卦氣、卦勢旺盛，用卦的同類多則體卦卦氣、卦勢必然衰弱。體卦去生用卦為洩氣，即為耗損自己的力量，當然不吉利，比如夏天的火碰到土即為洩氣。體卦和用卦之間，比和卦最為吉利。

互卦表示事物發展中間階段所發生的人或事，變卦表示事物發展末後階段所發生的人或事，或是事物發展的最後階段。所以，用卦吉而變卦凶的，往往是先吉後凶，用卦凶而變卦吉的，往往是先凶後吉。

如果是體卦剋用卦，那麼所占諸事往往吉利，如果是用卦來剋制體卦，往往所占諸事凶險。體卦生用卦，常常有耗損的憂慮和禍患，用卦生體卦，常常會有進益的喜慶，如果是體卦和用卦比和，則是百事順意、心想事成。

在全卦之中（指用卦、互卦、變卦）看何卦為生體之卦：

如果乾卦是生體之卦，則主公門中有喜慶之事或有進益之喜；或在功名、事業上有喜慶之事；或因晉升職務或因見官而得到財富；或者因為打官司而得理勝訴；或有金銀財寶上的利益；或者有領導、長輩惠送之利；或者老人上進財；或因領導或有地位的人而有喜事。

如果坤卦是生體之卦，則主有田土方面的喜慶；或者因田土上而進財富；或者得到同鄉人的好處；或者因女性之人而得利；或者有瓜果或穀物進益；或者有布帛方面的喜益。

如果震卦是生體之卦，則主有山林方面的進益；或者因山上林木而得財；或者從東方進財；或者因為移動或行動而有喜慶之事；或者有木製品交易買賣的好處；或者因為姓氏上帶草木旁的人而稱心如意。

如果巽卦是生體之卦，則也主得山上林木之喜益；或者因山植而得財；或者在東南方而得財；或者因為花草樹木而有進益之喜；或者因為姓氏上帶草木旁的人而進利；或因山茶瓜果而得利；或者有人饋送花茶、水果、蔬菜之喜。

如果坎卦是生體之卦，則主有北方方面的喜事；或者接受北方來的財物；或者因為居住在水邊的人或當時在水邊之人而有進益之喜；或者因為姓氏上帶二點水或三點水偏旁之字的人而稱心如意；或者因為魚、鹽、酒、文書、交易而得利；或者有別人饋送魚、鹽、酒之喜事。

如果艮卦是生體之卦，則主有東北方之財；或者因為山田而有喜；或者因為山林因土而獲得財物；或者因為姓氏上帶宮音或姓氏帶土旁的人而進財。若逢艮卦生體，則主事情辦得非常安穩、有始有終。

如果兌卦是生體之卦，則主有西方之財；或者有喜悅之事而來；或者有食物、金寶珠玉、貨利的來源；或者與姓氏帶商音的八或與市井之人欣然相遇，喜事自來；或者主主人與客人盡皆歡娛；或者有朋友在一起講習宴樂之美事。

如果離卦是生體之卦，則主有南方之財；或有文書之喜事；或有爐冶場的得利；或者因為姓氏帶火旁的人而進財。

我們來開始論述梅花卦，首先以卦意的五行來論，乾金☰、兌金☱、離火☲、震木☳、巽木☴、坎水☵、艮土☶、坤土☷。

其次再看卦的體用關係，體就是本身要問的主體，如愛情、談判、健康、學業、做生意、求職……。等，用卦就是影響體卦的外來因素，上互卦與下互卦就是中間的過程，上互卦是剛開始的狀況，下互卦是經過一段時間的狀況，變卦就是最後的結果。

所以我們以體卦為主體與用卦、上互卦、下互卦以及變卦間五行生剋的關係來論，再牽扯到八卦本身的屬性，我們就可以開始論斷了。

一、八卦最基本的單位是爻（唸搖）

分為陽爻（一橫）和陰爻（中間斷開的一橫），多是記述日影變化的專門符號。爻有陰陽兩類，陽爻表示陽光，陰爻表示月光。

每卦又有三爻

代表天、地、人三才。三才的天部，包括整個天體運行和氣象變化，這些星象之學，古稱天文。地部指觀測日影來計算年週期的方法，用地之理瞭解生、長、化、收、藏的全過程。人部指把天文、地理和人事結合，以便按照這些規律進行生產和生活。每卦的次序是自下而上的，最下一横叫初爻，中一横叫二爻，上一横叫三爻，若為重卦(上、下卦疊在一起)，第六爻稱為上爻。

舉例：以重卦乾卦 ䷀ 為例：六個爻都是陽爻，第一爻稱初九、第二爻稱二九、第三爻稱三九、第四爻稱四九、第五爻稱五九、第六爻稱上九。

若是重卦坤卦 ䷁ 為例：第一爻稱初六、第二爻稱二六、第三爻稱三六、第四爻稱四六、第五爻稱五六、第六爻稱上六。

八卦同時還用來代表八種基本物象

乾為天，坤為地，震為雷，巽為風，艮為山，兌為澤，坎為水，離為火。

這是一個原始含意，後人不斷的總結特性，就總結出了現在的萬物類象，這個八卦的基本組成，被稱為經卦，下面是其符號：

乾卦☰：五行為金；

坤卦☷：五行為土；

震卦☳：五行為木；

巽卦☴：五行為木；

坎卦☵：五行為水；

離卦☲：五行為火；

艮卦☶：五行為土；

兌卦☱：五行為金。

八卦速記法

乾三連，坤六斷。震仰盂，艮覆碗。

離中虛，坎中實。兌上缺，巽下斷。

卦氣旺衰速記法

春來震巽木，夏至離火豐，

秋分乾兌始，坎水旺於冬，

辰戌和丑未，坤艮生土中！

所以說：木旺於春、火旺於夏、金旺於秋、水旺於冬。

天干五行速記法

甲乙東方木，丙丁南方火，

戊己中央土，庚辛西方金，

壬癸北方水。

地支五行速記

子水鼠；丑土牛；寅木虎；卯木兔；

辰土龍；巳火蛇；午火馬；未土羊；

申金猴；酉金雞；戌土狗；亥水豬。

五行生剋

金生水，水生木，木生火，火生土，土生金。

金剋木，木剋土，土剋水，水剋火，火剋金。

卦數起例

卦以八除，凡起卦不問數多少，即以8作卦數。過8數，即以8數遞除，以餘數作卦。如一8除不盡，再除二8、三8，直至除盡8數，以餘數作卦。如得8數整，即坤卦，便不必除也。

我們取卦，用8來除，取餘數。

順序為：乾、兌、離、震、巽、坎、艮、坤

乾1、兌2、離3、震4、巽5、坎6、艮7、坤8

這些要背起來。

互卦為何？出去一、六爻。

同分為兩半，上下各一標。

年、月、日、時起例

年、月、日為上卦，年、月、日加時總數為下卦。又以年、月、日、時總數取爻。

如子年1數，丑年2數，直至亥年12數。月如正月1數，直至十二月亦作12數。日數，如初一1數，直至三十日為30數。以上年、月、日共計幾數，以8除之，以餘數作上卦。時如子時1數，直至亥時為12數。就將年、月、日、時數總計幾數，以8除之，餘數作下卦，以除6數作動爻。

我們用白話來解釋取動爻

我們取卦，用6來除，取餘數，就知道要動第幾爻？動第幾爻是從下往上數，若為整除則取第六爻（也就是最上面那一爻）

爻以6除

凡起動爻，以重卦總數除以6，以餘數作動爻。如不滿6，就用此數為動爻，不必再除。如過6數則除之，一6不盡，再除二6、三6，直至除盡，以餘數作動爻。若一爻動，則看此一爻，是陽爻則變陰爻，陰爻則變陽爻。取爻當以時加之。

互卦只用八卦，不必用六十四重卦名

互卦以重卦去除初爻及第六爻，以中間四爻分作兩卦，看得何卦。又云：乾坤無互，互其變卦。

互卦有上互卦及下互卦

上互卦為第三、四、五爻(是從下往上數)

下互卦為第二、三、四爻(是從下往上數)

物數占

凡見有可數之物，即以此數起作上卦，以時數配作下卦，即以卦數加時數，總數除以6，取餘數做動爻。

聲音占

凡聞聲音，數得幾數，起作上卦，加時數配作下卦。又以聲音，如聞動物鳴叫之聲，或聞人敲擊之聲，皆可作數起卦。

字占

凡見字數，如停勻，即平分一半為上卦，一半為下卦；如字數不勻，即少一字為上卦，取「天輕清」之義，以多一字為下卦，取「地重濁」之義。

一字占

一字為太極未判，如草書混沌不明，不可得卦。如楷書則取其字劃，以左為陽劃，右為陰劃。居左者看幾數，取為上卦；居右者看幾數，取為下卦。又以一字之陰陽全劃取爻。彳、丿，此為左者；一、乙、丶，此為右者。

二字占

二字為兩儀平分，以一字為上卦，以一字為下卦。

三字占

三字為三才，以一字為上卦，二字為下卦。

四字占

四字為四象，平分上下為卦。又四字以上不必數劃數，只以平仄聲音調之。平聲為1數，上聲為2數，去聲為3數，入聲為4數。

五字占

五字為五行，以二字為上卦，三字為下卦。

六字占

六字為六爻之集，平分上下為卦。

七字占

七字為齊七政，以三字為上卦，四字為下卦。

梅花易數占

梅花易數為八卦定位，平分上下為卦。

九字占

九字為九疇之義，以四字為上卦，五字為下卦。

十字占

十字為成數，平分上下為卦。

十一字占

十一字以上至於百字，皆可起卦。但十一字以上，又不用平仄聲音調之，只用字數。如字數均平，則以半為上卦，以半為下卦，再加二卦總數取爻。

為人占

凡為人占，其例不一，或聽語聲起卦，或觀其人品，或取諸身，或取諸物，或因其服色、觸其外物，或以年、月、日、時，或以書寫來意。

又聽其語聲者，如或一句，即如其字數分之起卦。如說兩句，即用先一句為上卦，後一句為下卦。語多，則但用初聽一句，或末後所聞一句，餘句不用。

觀其人品者，如老人為乾，少女為兌之類。

觀諸其身者，如頭動為乾，足動為震，目動為離之類。

取諸其物者，如人手中偶有何物，如金玉及圓物之屬為乾，土瓦及方物之屬為坤之類。

因其服色者，如其人青衣為震，赤衣為離之類。

觸其外物者，起卦之時，見水為坎卦，見火為離卦之類。

任何占卜方式都行，比如說看車牌號碼（4位數），前兩位為上卦，後兩位為下卦，也可以翻書看頁數（去上頁或下頁均可，自由心證），翻第一次為上卦，翻第二次為下卦，比如說，第一次是257，第二次是36，那上卦就是用257去除以8取餘數，或者是2＋5＋7總數為14，再除以8取餘數6為坎卦，下卦就是用36去除以8取餘數，或者是3＋6總數為9，再除以8取餘數，餘數為1為乾卦，動爻就是上卦數14加上、下卦數9，再加上時辰數（若為五時11－13點）7，總數為30，除以6為整除，則動爻第六爻（由下往上數），上、下兩卦，不變的是體卦。有動爻之卦為用卦，再依上面所述，取上、下互卦，這樣體卦，用卦，上、下互卦，變卦（有動搖之卦）就出來了，再依照卦象的五行生剋與體卦來對應，就可以判斷吉凶了。

以下是古人的占卜法，可以參考看看。

年、月、日、時，如望梅之類推之。

書寫來意者，其人來占，或寫來意，則以其字占之。

自己占：

凡自己欲占，以年、月、日、時，或聞有聲音，或觀當時有所觸之外物，皆可起卦。以上三例與前段〈為人占〉法同。

八卦萬物屬類（並為上卦）

乾卦：天、父、老人、官貴、頭、骨、馬、金、寶珠、玉、木果、圓物、冠、鏡、剛物、大赤色、水寒。

坤卦：地、母、老婦、土、牛、釜、布帛、文章、輿、方物、柄、黃色、瓦器、腹、裳、黑色、黍稷、書、米、穀。

震卦：雷、長男、足、髮、龍、百蟲、蹄、竹、萑葦、馬鳴、母足、顙、稼、樂器之類、草木、青碧綠色、樹、木核、柴、蛇。

巽卦：風、長女、僧尼、鷄、股、百禽、百草、臼、香氣、臭、繩、眼、羽毛、帆、扇、枝葉之類、仙道、工匠、直物、工巧之器。

坎卦：水、雨雪、工、豬、中男、溝瀆、弓輪、耳、血、月、盜、宮律、棟、叢棘、狐、蒺藜、桎梏、水族、魚、鹽、酒醢、有核之物、黑色。

離卦：火、雉、日、目、電、霓、中女、甲冑、戈兵、文書、槁木、爐、鼉、龜、蟹、蚌、凡有殼之物、紅赤紫色、花、文人、乾燥物。

艮卦：山、土、少男、童子、狗、手、指、徑路、門闕、果蓏、閽寺、鼠、虎、狐、黔喙之屬、木生之物、藤生之瓜、鼻。

兌卦：澤、少女、巫、舌、妾、肺、羊、毀折之物、帶口之器、屬金者、廢缺之物、奴僕婢。

二、八卦萬物類表

【乾】一 金

【天時】：天、水、霰、雹。

【地理】：西北方、京都、大郡、佔勝之地、高亢之所。

【人物】：君父、老人、官宦、大人、長者、名人、公門人。

【人事】：圓成、剛健、武勇、果決、高名、多動少靜。

【身體】：首、骨、肺。

【時序】：秋、九十月之交、戌亥年、月、日、時、五金年、月、日、時。

【動物】：馬、天鵝、獅、象。

【靜物】：金玉、寶珠、圓物、貴物、木果、剛物、冠鏡。

【屋舍】：公廨、樓臺、高堂、大廈、驛舍、西北向之居。

【家宅】：秋占宅興旺、夏占有禍、冬占冷落。

【婚姻】：貴官之眷、有聲名之家、秋占宜成婚、夏占不利。

【飲食】：馬肉、乾燥之物、名骨、辛辣之物、珍味、諸物、首飾、圓物、木果。

【生產】：易產，秋占生貴子，夏占有損，宜坐西北方。

【求名】：有名，宜在朝內住、西北之位。刑官、武職、天使、驛官、掌寶。

【交易】：易成，宜寶玉貴貨交易，夏占不利。

【求利】：有金玉或公門得財，或有貴人之財。秋吉有財，冬無財，夏損財。

【謀望】：有成，利公門中。宜動中謀。夏占不利，冬占多謀少遂。

【出行】：利西北方，宜入京師，利遠行，夏占不吉。

【謁見】：可見，利見大人。宜謁官貴，宜見長者。

【疾病】：頭面之疾，肺疾、筋骨疾、上焦病。夏不安。

【官訟】：健訟，有貴人順助，秋占得勝，夏占失理。

【墳墓】：宜西北坐向之墓，宜亥人氣脉，宜天穴，秋占生貴子，夏不可葬。

【姓名】：商音、帶金旁姓氏、行位一四九。

【數目】：一四九。

【方道】：西北。

【五色】：大赤玄黃。

【五味】：辛辣。

【坤】八　土

【天時】：天陰、霧氣。

【地理】：田野、鄉里、平地、西南方。

【人物】：後母、老婦、農鄉人、衆人、大腹人。

【人事】：吝嗇、柔順、柔懦、眾身。

【身體】：腹、脾胃、肉。

【時序】：辰戌丑未月、未申年、月、日、時、八五十月日。

【靜物】：方物、土中物、柔物、布帛絲綿、五穀、輿釜、瓦器。

【動物】：牛、百獸、為牝馬。

【屋舍】：西南向居、村舍、田舍、矮屋、土堦、倉庫。

【家宅】：安穩、多陰氣、春占宅舍不安。

【飲食】：野味、牛肉、土中之物、甘味、五穀、腹臟之物、薯芋筍之物。

【婚姻】：利於婚姻、宜稅產之家、鄉村之家、春占不利。或寡婦之家。

【生產】：易產，春占難成，或有損，或不利於母，坐宜西南方。

【求名】：有名、宜西南之任。守土司農之職或教官。春占虛名。

【求利】：有利，宜土中之利、賤貨重物之利、五穀之利。靜中得財，布帛之利。春占無財，多中取利。

【交易】：宜利交易，宜田土交易，春占不利。宜五穀布帛之交易。

【謀望】：利求謀，鄉里求謀。宜靜中求謀，春占少遂，或謀於婦人。

【出行】：可行、宜西南行，宜往鄉里行，春占不宜行。宜陸行。

【謁見】：可見，宜見鄉人，宜見親朋或陰人。春不宜見。

【疾病】：腹疾、脾胃之病。飲食停傷，穀食不化。

【官訟】：理順得眾情，訟當解散。
【墳墓】：西南之穴，平陽之地，近田野。宜低葬。春不可葬。
【姓名】：宮音，帶土姓人，行位八五十。
【數目】：八五十。
【方位】：西南。
【五色】：黃，又黑。
【五味】：甘味。

【震】四木

【天時】：震雷。
【地理】：東方、樹木、鬧市、草木茂盛之所、竹林、大途。
【人物】：長男。
【人事】：震者起也、為動怒、虛驚、鼓譟、多動、少靜。

【身體】：足、肝、髮、聲音。

【時序】：春三月，卯年、月、日、時，四三八月日。

【靜物】：木竹、萑葦、木品之樂、花草繁鮮之物。

【動物】：龍蛇。

【屋舍】：東向所居、山林之處、樓閣。

【家宅】：宅中不時有虛驚，春占吉，秋占不利。

【飲食】：蹄肉、山林野味、蔬菜、鮮肉、果酸味。

【婚姻】：可有成，聲名之家。利長男之婚。秋占不宜婚。

【生產】：虛驚，胎動不安。頭胎必生男。秋占有損。坐宜東向。

【求名】：有名，宜東方之任，掌刑獄之官，施號發令之職。有茶竹木稅課之任，或鬧市司貨之職。

【求利】：山林竹木之財，宜東方求財，或山林竹木茶貨之利。動處求財。

【交易】：利於成交，秋占難成。動而可成，山林竹木茶貨。

【謀望】：可望、可求。宜動中謀望，秋占不遂。

【出行】：宜向利於東方，利山林之行。秋占不宜往，但恐虛驚。

【謁見】：可見，宜見山林之人，利見宜有聲名之人。

【疾病】：足疾、肝經之疾、驚怖不安。

【官訟】：健訟，有虛驚，行移取勘反覆。

【墳墓】：利於東南，山林中穴。

【姓名】：商角音，帶木姓氏，行位四八三。

【數目】：四八三。

【方道】：東方。

【五色】：青、黃、碧。

【五味】：酸味。

【巽】五木

【天時】：風。

【地理】：東南方之地，草木茂秀之所，花果菜園。

【人物】：長女、秀士、寡髮之人、山林仙道之人。

【人事】：柔和、不定、鼓舞、利市三倍、進退、木果。

【身體】：肱股、氣、風疾。

【時序】：春夏之交，三五八之月日時，三月，辰巳午未年、月、日、時，四月。

【靜物】：木、香臭、繩、直物、長物、竹木、工巧之器。

【動物】：雞、百禽、山林中之禽蟲。

【屋舍】：東南南之居，寺觀樓園、山林之居。

【家宅】：安穩利市，春占吉，秋占不安。

【飲食】：雞肉，山林之味，蔬果，酸味。

【婚姻】：不成，宜長女之婚，秋占不利。

【生產】：易生，頭胎產女，秋占損胎，宜向東南坐。

【求名】：有名，宜文職有風憲之力，宜入風憲，宜茶課竹木稅貨之職，宜東南之任。

【求利】：有利三倍，宜山林之利，秋大吉，茶木貨之利。一云秋占無財。

【交易】：可成，進退不一。交易之利。山林木茶之類。山林交易。

【謀望】：可謀望，有才，可成。

【出行】：可行，有出入之利，宜向東南行，秋占不可行。

【謁見】：可見，利見山林之人，利見文人秀士。

【疾病】：股肱之疾、風疾、中風、寒邪、氣疾。

【官訟】：宜和，恐遭風憲之責。

【墳墓】：宜東南方向，山林之穴，多樹木，秋占不利。

【姓名】：角音，草木旁姓氏，行位五三八。

【數目】：五三八。

【方道】：東南。

【五色】：青綠、碧潔白。

【五味】：酸味。

【坎】六水

【天時】：雨雪、月、霜、露。

【地理】：北方、江湖、溪澗、泉井、卑濕之地、溝瀆池沼、凡有水處。

【人物】：中男、江湖之人、舟人防盜。

【人事】：險陷卑下，外示以柔，內存以剛。漂泊不成，隨波入流。

【身體】：耳、血。

【時序】：冬十一月，子年、月、日、時，一六之月日。

【靜物】：水晶、水中之物、黑色物。鐵器、弓輪。

【動物】：豬、魚。

【家宅】：不安、暗昧、防盜。

【屋舍】：向北之居、近水、江樓、茶酒肆、宅中濕、水閣。

【飲食】：豬肉、酒、冷物、海味、羹湯酸味、宿食、魚、帶血、醃藏、多骨之物、有梯核之物、水中之物。

【婚姻】：利中男之親、宜北方之婚；不可婚：辰戌丑未月，不利成婚。

【生產】：難產有險，宜次胎、中男。辰戌丑未月，胎坐北向。

【求名】：艱難，恐有災陷，宜北方之任，江湖河泊之職、酒兼醋。

【求利】：有財失，宜水邊財，恐有失陷。宜魚鹽酒貨之利，防盜。

【交易】：不利成交，恐防失陷。宜水邊交易，宜魚鹽酒貨之交易，或點水旁姓氏人的交易。

【謀望】：不宜成望，不能成就，秋冬亦可謀望。

【出行】：不宜遠行，宜涉舟，防盜，宜北方行。

【謁見】：難見，宜見江湖之人，或有水旁姓氏之人。

【疾病】：耳痛、心疾、感寒、腎疾、胃冷水瀉、痼冷之病、血病。

【官訟】：不利，有陰險，有失困訟，失陷。

【墳墓】：宜北向之穴，近水旁之葬，卑濕之地不利。

【姓名】：羽音，點水旁之姓氏，行位一六。

【數目】：一六。

【方道】：北方。

【五色】：黑。

【五味】：鹹酸。

【離】三火

【天時】：日、電、虹、霓、霞。

【地理】：南方乾亢之地、窯竈、爐冶之所、剛燥厥地、其地面陽。

【人物】：中女、文人、大腹人、目疾人、介胄之士。

【人事】：文書之所、聰明才學、相見虛心。

【身體】：目、心、上焦。

【時序】：夏五月，午年、月、日、時，三二七月日。火年、月、日、時。

【靜物】：火、書文、甲胄、干戈、槁衣、乾燥之物、赤色之物。

【動物】：雉、龜、鱉、蟹、螺、蚌。

【屋舍】：南向之居、陽明之宅、明窗、虛堂。

【家宅】：安恬、平善，冬占不安，剋體主災厄。

【飲食】：雉肉、煎炒、燒炙之物、乾脯之類，熱肉。

【婚姻】：不成，利中女之婚。夏占可成，冬占不利。

【生產】：易生，產中女。冬占有損，坐宜向南。

【求名】：有名，宜南方之任，文官之職，宜爐冶坑場之職。

【求利】：有財，宜南方求財，冬占有失。有文書之財。

【交易】：可成，宜有文書之交易。

【謀望】：可以謀為，宜謀望　宜文書之事。

【出行】：可行，宜動向南方，就文書之行。冬不宜行，不宜行舟。

【謁見】：可見南方人，冬占不順，秋見文書老案才士。

【疾病】：目疾、心疾、上焦、熱病，夏占伏暑、時疫。

【官訟】：易散，文書動，詞訟明辯。

【墳墓】：南向之墓、無木蔭所。冬占不利，夏占書文人。

【姓字】：徵音，帶火及立人旁姓氏，行位三二七。

【數目】：三二七。

【方道】：南。

【五色】：赤紫紅。

【五味】：苦。

【艮】七土

【天時】：雲、霧、山、嵐。

【地理】：山逕路、近山城、丘陵、墳墓。

【人物】：少男、閒人、山中人。

【人事】：阻滯、守靜、進退不決、反背、止住、不見。

【身體】：手指、骨、鼻、背。

【時序】：冬春之月，十二月，丑寅年月日時，土年月日時，七年十月日。

【靜物】：土石、瓜果、黃物、土中之物。

【動物】：虎、狗、鼠、百獸、黔喙之屬。

【家宅】：安穩。諸事有阻，家人不睦。春占不安。

【屋舍】：東北方之居，山居近石近路之宅。

【飲食】：土中物味，諸獸之肉。墓畔竹筍之屬，野味。

【婚姻】：阻隔難成，成亦遲，利小男童之婚。春占不利，宜對鄉里婚。

【求名】：阻隔無名，宜東北方之任，宜土官山城之職。

【交易】：難成，有山林田土之交易，春占有失。

【謀望】：阻隔難成，進退不決。

【出行】：不宜遠行，有阻，宜近陸行。

【謁見】：不可見，有阻，宜見山林之人。

【疾病】：手指之疾，脾胃之疾。

【官訟】：貴人阻滯，官訟未解，牽連不決。

【墳墓】：東北之穴，山中之穴，春占不利，近路邊有石。

【姓名】：宮音，帶土字旁姓氏。行位五七十。

【數目】：五七十。

【方道】：東北方。

【五色】：黃。

【五味】：甘。

【兌】二金

【天時】：雨澤、新月、星。

【地理】：澤、水際、缺池、廢井崩破之地，剛滷之地。

【人物】：少女、妾、歌妓、伶人、譯人、巫師。

【人事】：喜悅、口舌、讒毀、謗說、飲食。

【身體】：舌、口、肺、痰、痰涎。

【時序】：秋八月，酉年、月、日、時，金年、月、日，二四九數月日。

【靜物】：金刃、金類、樂器、缺器、廢物。

【動物】：羊、澤中之物。

【屋舍】：西向之居、近澤之居、敗牆壁宅、門戶有損。

【家宅】：不安，防口舌。秋占喜悅，夏占家宅有損失。

【飲食】：羊肉、澤中之物、宿味、辛辣之味。

【婚姻】：不成，秋占可，又喜主成婚之吉，利婚少女。夏占不利。

【生產】：不利、恐有損胎，或者生女。夏則不利，坐向西南。

【求名】：難成，因名有損，利西南之任，宜刑官、武職、伶官、澤官。

【求利】：無利有損，財利上主口舌。秋占有財喜，夏占損財。

【交易】：不利，防口舌，有競爭。夏占不利，秋占有交易之喜。

【謀望】：難望，於謀有損。秋占有喜，夏占不遂。

【出行】：不宜遠行，防口舌，或損失。宜西行，秋占可行。

【謁見】：利行西方，且有咒詛。

【疾病】：口舌咽喉之疾。氣逆喘疾，飲食不進。

【墳墓】：宜西向，防穴中有水、近澤之墓。夏占不宜，或葬廢穴。

【官訟】：爭訟未已，曲直未決，因公有損，防刑。秋占為體得理。

【姓名】：商音，帶口帶金字旁姓氏，位行二四九。

【數目】：二四九。

【方道】：西方。

【五色】：白。

【五味】：辛辣。

右萬物之象，庶事之多不只於此。占者宜各以其類而推之。

三、心易八卦體用訣

心易之數，得之者眾。體用之訣，有之者罕。

予幼讀易，長參數學，始得心易卦數起例，以之占訣吉凶。如以蠡測海，茫無涯際。後得至人，授以體用之訣，而後占事決疑，始有定據。

其驗則如由機射的，百發百中。其要在於分八卦體用之妙，察五行生剋比和之理，以明乎吉凶悔吝之機也。於是易數之妙始見，而易卦之道始備。乃知世有真術，人罕遇之耳。得此者，幸甚祕之！

體用總訣

體用云者，如易卦具卜筮之道，則易卦為體，卜筮者用也，此所謂體用者。借體用二字以寓動靜之卦，以分賓主之兆，以為占例之準則也。

大抵體用之說，體卦為主，用卦為事，互卦為事之中應，變卦為事之末應。

簡單的講，就是占卜以體卦為要問的主體，用卦就是剛開始與主體的對應，是沖？剋？生？洩？還是比和（同旺）的關係。

上、下互卦為中間的初始及後階段的過程。

變卦則為最後的結果。這就像一部連續劇，從剛開始的對應（變化）關係，經過一段過程後最終是何結果，再加上八卦對應的屬性（人物、身體、臟腑、人事、動物、靜物），往往問卦者口裡沒說，但是卦象就清清楚楚地說明所為何事，往往會讓問卦者瞠目結舌，直呼「半仙」。這更加可以讓卜卦者產生信心，對於卦象就會更加篤定了。

體之卦氣宜盛不宜衰。盛者，如春震巽，秋乾兌，夏離，冬坎，四季之月坤艮是也。衰者，如春坤艮，秋震巽，夏乾兌，冬離，四季之坎是也。

體卦就是要卜之事的整體，既然是想要問的事情，當然是要最好的，所以希望本體是旺、用卦來生我，體卦可以剋其他的卦而不能被剋，若以季節來分，如春震巽屬木，利於春天，乾兌屬金利於秋天，離屬火利於夏天，坎屬水利於冬天，坤艮屬土利於四季之月份。

體宜受他卦之生，不宜見他卦之剋。他卦謂用、互、變卦也。生者，如乾兌金體，則宜坤艮土生之；如坤艮土體，則宜離火生之。離火之體，則宜震巽木生之。餘皆倣此。剋者，謂如金體火剋、火體水剋之類。

體卦就是要卜之事的整體，所以生我、比和（同旺）是好的，我剋略吉，我生（洩我）略凶，剋我則是大凶。

體用之說，動靜之機。八卦主賓，五行生剋。體為己身之兆，用為事應之端。體宜受用卦之生，用宜見體卦之剋。體盛則吉，體衰則凶。用剋體固不宜，體生用亦作利*。體黨多而體勢盛，用黨多而體勢衰。如體卦是金，而互變皆金卦，則是體黨多矣。如用卦是金，而互變皆金，則為用黨多矣。（*「作利」應作「非利」。）

體用之間，比和則吉，互乃中間之應，變為末後之期。故用吉變凶者，或先吉而後凶；用凶變吉者，或先凶而後吉。欲知數，體之互可察當知方，用之互可詳，生體為吉事之期，剋體為凶事之期。

梅花體用總訣：

體用云者。如易卦具占筮之道，則易卦為體，以卜筮用之，此所謂體用者，借體用二字以寓動靜之卦，以分主客之兆，以為占例之準則也。大抵體用之說，體卦為主，用卦為事，互卦為事之中間，刻應變卦為事之終應。

體之卦氣，宜旺不宜衰。盛者，如春震巽，秋乾兌，夏離，冬坎，四季之月坤艮是也。衰者，春坤艮，秋震巽，夏乾兌，冬離，四季之月坎是也。

宜受他卦之生，不宜受他卦之剋。他卦者，謂用，互，變也。生者，如乾，兌金體，坤艮生之；坤艮土體，離火生之；餘皆如此。剋者，如金體火剋，火體水剋之類。

體用之說，動靜之機，八卦主賓，五行生剋。體為己身之兆，用為應事之端。體宜受用卦之生，用宜見體卦之剋。體盛則吉，體衰則凶。用剋體固不宜，體生用亦非利。體黨多而體勢盛，用黨多則體勢衰。如卦體是金，而互變皆金，則是用之黨多。體生用為之洩氣，如夏火逢土（洩氣）。

體用之間，比和則吉。互乃中間之應，變乃末後之期。故用吉變兇者，先吉後凶；用凶變吉者，先凶後吉。體剋用，諸事吉。用剋體，諸事凶。體生用主有耗失之患，用生體有進益之喜；體用比和，則百事順遂。

又看全卦中有生體之卦，看是何卦。如下：

乾卦生體：

主公門中有喜益。或功名上有喜。或因官有財。或問訟得理。或有金寶之利。或老人上進財。或尊長專送。或有官貴之喜。

坤卦生體：

主有田土之喜。或於田土進財。或得鄉人之益。或得陰人之利。或有果穀之進。或有布帛之喜。

震卦生體：

則主山林之益。或因山林得財。或進東方之財。或因動中有喜。或木貨交易之利。或因草木姓氏人稱心。

巽卦生體：

亦主山林之益。或因山林得財。或於東南得財。或因草木姓氏人而進利。或以茶果得利。或茶果菜蔬饋送之喜。

坎卦生體：

有北方之喜。或受北方之財。或水邊人進入。或因點水姓氏人稱心。或因魚酒貨文書交易之利。或有饋送魚酒之喜。

離卦生體：

主有南方之財。或有文書之喜。或有爐冶廠之利。或因火姓人而得財。

艮卦生體：

有東北方之財。或山田之喜。或因山林田土獲財。或富貴帶土姓人之財。物當安穩。事有終始。

兌卦生體：

有西方之財。或喜悅事。或食物玉金貨利之源。或商音之人。或市口之人欣逢。

或主賓之樂。或朋友講習之喜。

乾卦剋體：

主有公事之擾。或門戶之擾。或有財寶之失。或於金穀有損。或有怒於尊長。或得罪於貴人。

坤卦剋體：

主有田土之擾。或於田土有損。或有小人之害。或有陰人之侵。或失布帛之財。或喪穀粟之利。

震卦剋體：

主有虛驚。常多恐懼。或身心不能安靜。或家宅見妖災。或草木姓氏之人相侵。或於山林有所失。

巽卦剋體：

亦有草木姓人相害。或於山林上生憂。謀事，乃東南方之人。處家，忌陰人小口之厄。

坎卦剋體：

主有險陷之事。或寇盜之憂。或失意於水邊人。或生災於酒後。或點水人相害。或北方人見殃。

離卦剋體：

主文書之擾。或失火之驚。或有南方之憂。或火姓人相害。

艮卦剋體：

諸事多連。百謀中阻。或有山林田地之失。或帶土姓人相侵。防東北方之禍害。或憂墓不安穩。

兌卦剋體：

不利西方。主口舌事之紛爭。或帶口姓人侵欺。或有毀折之患。或因飲食而生憂愁。生不逢，只隨本卦而論之。

天時占第一

凡占天時，於全卦中詳看。如正月互卦變卦，離多主晴，坎多主雨，乾多明朗，坤多陰晦，巽多有風，兌多雨澤，震多主雷。若冬月，震多主大風怒號，林壑震響。若冬月震多而又剋體卦，亦主有非常之雷。夏月離卦多又無坎卦，必主天道亢旱。冬月巽卦重見，又主雨雪。春月坎多，又無離卦，必主連雨不晴。

五行謂離屬火，主晴。坎為水主雨。坤為地氣，主陰。乾為天，主晴明。震為雷，巽為風、秋冬震多無制，亦有非常之雷，有巽佐之。則為風撼震動之應。艮為山雲之氣。若雨久，得艮當止，艮者，止也，亦土剋水之義。兌為澤，故不雨亦陰。夫以造化之辨，固難測，理數之妙亦可憑，是以乾象乎天，坤體乎地，一氣慘然。乾坤兩同，晴雨時變，坤艮雨並，陰晦不常，卜數有陽有陰，卦象有奇有隅，陰雨陽晴，奇隅暗重。坤為老陰之極，而久晴必雨，陰氣，而久雨必晴。若逢重坎重離，亦曰時晴時雨。坎為水必雨，離為火必晴，乾兌之金，秋明晴，冬雪凜冽，坤艮之土，春雨澤，夏火炎蒸。易曰：雲從龍，風從虎。又曰：艮為雲，巽為風，艮巽重逢，風雲際會，飛沙走石，蔽日藏山，不以四時，不我二用。坎在艮上，布霧興雲，若在兌上，凝霜作雪，乾兌為霜雪霰雹。離火為日電虹霓。離為電，震為雷，重會而雷電俱作。坎為雨，巽為風，相逢則風雨驟興。震卦重逢，雷驚百里。坎爻疊見，潤澤九垓，故卦體之兩逢，亦爻象之總斷。地天泰，水天需，昏濛之象。天地否，水地比，黑暗之形。人純離，夏必旱，四季皆晴。人純坎，冬必寒，四時多雨，久雨不晴，逢艮必止。久晴不雨，得此亦然。又若水火既濟，水火未濟，四時不測風雲。風澤中孚，澤風大過，三冬必然雨雪。水山蹇，山水蒙，百步必須執蓋。地風升，風地觀，四時不可行船。離在艮上，暮雨朝晴。離互艮宮，暮晴朝雨。巽坎互離，虹霓，乃見巽離互坎。造化亦同。

又須推測四時，不可執迷一理。震離為雷為雷。應在夏天。乾兌為霜，為雪，驗於冬月。天地之理，大矣哉。理數之妙，至矣哉。得斯文者當敬賞之。

人事占第二

凡占人事，以體卦為主，用卦為人事之應。

體剋用，諸事吉。用剋體，諸事凶。

體生用者有耗失之患，用生體者有進益之喜。

體用比和，諸事順利。

又看全卦中有生體者是何卦。

若乾卦生體，則主公門中有益，或於功名上有喜，或因官有財，或因訟得理，或有金寶之利，或有官貴之喜，或老人進財，或尊上惠送。

坤卦生體，主有田土之喜，或於田土上進財，或得鄉人進益，或得陰人之利，或有穀粟之進，或有布帛之喜。

震卦生體，則主山林之益，或因山林得財，或進東方之財，或因動中有喜，或有木貨交易之利，或因草木姓氏人而稱心。

巽卦生體，亦有山林之利，或於山林中得財，或東南方而進財，或因草木而得利，或以草木茶貨之屬而得利，或有草果蔬菜饋送之喜。

坎卦生體，有北方之財，或受北方之利，或因水邊之人進入，或因點水姓氏人而稱心，或有魚鹽酒貨交易之利，或有饋送魚鹽酒物之喜。

離卦生體，主有南方之財，或有文書之喜，或有爐冶坑場之利，或因火土姓氏人而得財。

艮卦生體，主有東北方之財，或有山田之喜，或因山林田土得財，或進宮音與帶土旁姓氏人之財。

兌卦生體，主有西方之財，或有喜悅之事，或進飲食之物，或五金貨利之流。

又看全卦中有剋體者，是何卦剋體。如：

乾卦剋體，主有官事之憂，或有門戶之憂，或財寶之失，或金穀之損，或見怒於尊長，或得罪於貴人。

坤卦剋體，主有田土之憂，或於田土上有損，或有小人之害，或有陰人之侵，或失布帛之財，或喪穀粟之利。

震卦剋體，主有虛驚，常多恐懼，或身心不能安靜，或家宅聞見妖災，或有草木姓氏之人相侵，或於山林上有損。

巽卦剋體，亦主草木姓氏人相害，或於山林墳墓上生憂。謀事則忌東南方，處家則防陰人小厄。

坎卦剋體，主有險陷之事，或防寇盜之憂，或失意於水邊，或生災於酒後，或有點水姓氏人相害，或為北方之人相殃。

離卦剋體，主有文書之憂，或失火燭之驚，或有南方之憂，或帶火土人之相害。

艮卦剋體，諸事多違，百謀有阻。或有山林田土之失，或因山林田土之憂忌，帶土人之相侵欺，防東北方之禍害。

兌卦剋體，不利西方，主口舌之紛紜。或帶口字旁人之侵侮，或有毀折之患，或因飲食之憂。

如生剋之卦氣不逢，只須以本卦而斷。

家宅占第三

凡占家宅，以體為主，用為家宅。

體剋用則家宅吉，用剋體則家宅凶。

體卦生用，多主耗散，或防失盜之憂。

用卦生體，多主進益，或有饋送之喜。

體用比和，家宅安穩。

如有生體剋體之卦，於前章人事占斷。

婚姻占第四

凡占婚姻，以體為主，用為婚姻。

體剋用，婚必吉。用剋體，婚必凶。

體生用，婚難成，或因婚而有喪。

體剋用，婚須可成，但成之遲。

用剋體，婚不可成，成亦有害。

體用比和，則吉利矣。

生產占第五

凡占生產，以體為母，用為所生。

體用俱宜乘旺，不宜乘衰。只宜相生，不宜相剋。

體剋用，不利於子。用剋體，不利於母。

體剋用而用卦衰，則子難完。

用剋體而體卦衰，則母難保。

用生體，易於產母。體生用，利於所生。

體用比和，生育順快。

若定其男女，當相全卦中審之。

陽卦陽爻多者生男，陰卦陰爻多者生女。

陰陽卦相半，則察其來占及左右人數之奇偶以證之。

如欲決其日時，則相用卦之氣數參決。卦氣旺衰，前章已載。日期者即看何卦為用相，前章八卦類占時序決之。

飲食占第六

凡占飲食，以體為主，用為飲食。

用生體，飲食必豐。體生用，飲食難就。

體剋用，則飲食有阻。用剋體，則飲食必無。

體用比和，飲食豐足。

又看全卦中有坎則有酒，有兌則有魚。無坎無兌，酒食俱無。

兌坎生身，酒醉食飽。

欲知所食何物，以用卦飲食類推之。

欲知席間何應，以互卦人事類審之。

即八卦前章看之。

求謀占第七

凡占求謀，以體為主，用為所謀之應。

體剋用，謀須可成，但成遲。

用剋體，求謀不成，成之亦有害。

體生用，則多謀少遂。

用生體，則不勞而成。

體用比和，求謀稱意。

求名占第八

凡占求名，以體為主，用為名。

體剋用，名可求而成遲。

用剋體，名終不能就。

體生用，名難成，或因名而有失。

用生體，名易成，或名成而有益。

體用比和，則功名稱意。

欲知成名之日，生體之卦氣詳之。

欲知職任之處，變卦之方道決之。

又如無生體之卦，則名無成就，只看用卦中時序類，以定日期。

若在任占卜，最忌見剋體之卦，如卦中有剋體者，則居官見禍，輕則在位責罰，重則剝官退職。其剋體之卦氣，即見禍之日期，如八卦占類時序內斷之。

求財占第九

凡占求財，以體為主，用為財利。

體剋用，必有財。用剋體，必無財。

體生用，財上有耗損之憂。

用生體，財上有進益之喜。

體用比和，財利快意。

欲知得財之日，生體之卦氣決之。欲知破財之日，剋體之卦氣定之。

交易占第十

凡占交易，以體為主，用為交易之應。

體生用，交易遲成。

體剋用，交易難成，或有交易之失。

用生體，交易易成。

用剋體，交易即成，亦有交易之財。

體用比和，易成，交易諸事順快。

出行占第十一

凡占出行，以體為主，用為所行之應。

體剋用，出行所至多得意。

用剋體，不可行。強出必有禍。

體生用，出行有破耗之失。

用生體，出行有意外之財。

體用比和，所行順快。

凡出行，體用宜乘旺，諸卦宜生體。

如體卦時乾震多，主動。體卦時坤艮多，主不能動。

巽宜乘舟，離宜陸行。坎有失陷，兌有紛爭。

行人占第十二

凡占行人，以體為所占之人，用為出行之人。

體剋用，行人遲歸。

用剋體，行人不歸。

體生用，行人未至。

用生體，行人即至。

體用比和，歸期不日至矣。

又以用卦為行人之體，若乘旺逢生，在外順快。逢衰受剋，在外殃災。

震多不寧，艮多有阻。坎有險難，兌有紛爭。

謁見占第十三

凡占謁見，以體為主，用為所見之人。

體剋用，可見。

用剋體，不可見。

體生用，難見，見之亦無益。

用生體，宜見，見之且有得。

體用比和，則歡然相見矣。

失物占第十四

凡占失物，以體為主，用為所失之物。

體剋用，可尋，遲得。

用剋體，必不可尋。

體生用，物必難見。

用生體，物必易尋。

體用比和，物終不失。

又以變卦為物之所在。

如變卦是乾，則覓於西北方或公廨之所，或樓閣之處，或金石之旁，或圓器之間，或高亢之地。

變卦是坤，則覓於西南方，或田野之地，或倉稟之際，或稼穡之場，或土窖藏穴之中，或瓦器方器之內。

震卦則覓於東方，或林木之所，或叢棘之中，或鐘鼓之旁，或鬧市之地，或大途之旁。

巽卦則覓於東南方，或山林之所，或寺觀之地，或蔬果之園，或舟車之間，或木器之內。

坎卦則覓於北方，尋於水畔或溪澗溝瀆之所，或井泉池沼之旁，或醋酒之間，或魚鹽之地。

離卦則覓於南方，或尋於乾燥之地，或在庖廚之際，或爐竈之旁，或文書之側，或在於明窗之下，或藏於孔穴之間，或潛於煙火之旁。

艮卦則覓於東北方，或山林之內，或近門戶之內，或近路途，或近石旁，或藏土穴。

兌卦則尋於西方，或居澤畔，或敗垣破壁之所，或廢池缺沼之際。

疾病占第十五

凡占疾病，以體為病人，用為病證。

體卦宜旺不宜衰，體宜逢生，不宜逢剋。用宜生體，不宜剋體。

是故體剋用，則病易安。

體生用，則病難癒。

體剋用者，服藥有效。

用剋體者，服藥罔功。

體逢剋而乘旺，猶或庶幾。

體遇剋而更衰，斷無存日。

體用比和，疾病安妥。

欲識凶中有救，生體之卦存焉。

若究和平之侯，生體之卦決之。

欲詳危厄之期，剋體之卦定之。

欲論醫藥之屬，當審生體之卦。

如離卦生體，宜服熱藥。坎卦生體，宜服冷劑，坤艮用溫補，乾兌用涼藥。

又有信鬼神之說，雖非易理，然不可謂易道不該。唯以理推之。

如卦有剋體者，即可測其鬼神矣。

故乾卦剋體，主西北之神，或刀亡之鬼，或是天行時炁，或稱王號邪神。

坤卦則是西南方之神，或曠野之鬼，或連親之陰鬼，或本社之土神，或有犯於方隅，或無主之殢祟。

震卦則是東方之神，或木下之神，或妖怪百端，或影響時現。

巽卦則是東南之鬼，或出山林之神，或自縊殘生，或枷鎖致命。

坎卦則是北方之鬼，或為水畔之神，或沒溺而亡，或血病而歿。

離卦則是南方之鬼，或勇猛之神，或有犯於竈司，或得愆於香火，或經焚燒之鬼。或因熱病而亡。

艮卦則東北方之神，或山林之祟，或山魈木魅，或土怪石精。

兌卦則西方之神，或陣亡之鬼，或疾病而終命，或刎頸而殘生。

如無剋體之卦，不必論也。

官訟占第十六

凡占官訟，以體為求卦之人，用為對訟之人與官訟之應。

體卦宜旺，及宜剋用。用卦宜衰，及宜生體。

故體剋用者，己勝人。用剋體者，人勝己。

體生用，非唯失理，或因官而有所喪。

用生體，不只得理，或因訟而有所成。

體用比和，官訟最吉。非只扶協之力，必有和勸之義。

墳墓占第十七

凡占墳墓，以體為主，用為墳墓。

體剋用，宜葬之吉。用剋體，必葬之凶。

體生用，葬之主冷退，有損後人。用生體，葬之主興進，有益後嗣。

體用比和，斯為吉地。大宜安葬，葬之吉昌。

右體用之訣，姑以十七章占測，以示學者為之法則。然庶務之多，豈只於此而已。特此十七占，乃人事切要者，占者以類推之可也。本文取自易學網。子曰：小人不恥不仁，不畏不義，不見利不勸。不威不懲，小懲而大誡，此小人之福也。

易曰「履校滅趾，無咎」，此之謂也。善不積不足以成名，惡不積不足以滅身。小人以小善為無益而弗為也，以小惡為無傷而弗去也。

第六篇

梅花易數範例

第六篇　梅花易數範例

		體卦	用卦	上互卦	下互卦	變卦
範例一	卦象	☲	☴	☵	☲	☰
	五行	離火 ☲	巽木	坎水 ☵	離火 ☲	乾金
範例二	卦象	☱	☲	☲	☵	☰
	五行	兌金 ☱	離火 ☲	離火 ☲	坎水 ☵	乾金
範例三	卦象	☳	☲	☴	☱	☶
	五行	震木	離火 ☲	巽木	兌金 ☱	艮土
範例四	卦象	☴	☳	☱	☳	☳
	五行	巽木	震木	兌金 ☱	震木	震木

乾金☰、兌金☱、

離火☲、震木☳、

巽木☴、坎水☵、

艮土☶、坤土☷。

梅花易數占卜流程

請占卜人依以下禱詞，依序唸完後，依據靈感報出兩組數字，或任意抓兩次米（有缺損的米不要），或任意翻書（看頁次）均可（位數不限，個位、十位、百位……皆可），敘述問題要明確，不可模稜兩可。

禱詞：

先唸（天上神祇如：南無觀世音菩薩、如來佛祖、濟公師父，或我們平常唸的神明）三遍，弟子〇〇〇，生於民國〇〇年〇〇月〇〇日，家住〇〇市〇〇區〇〇路〇〇〇號，茲因（　　　）事情未決，請求（天上神祇）占斷吉凶，並於占卦中明確顯示趨吉避凶之法。

（天上神祇）有學佛的就唸南無觀世音菩薩三遍，若是基督教就可以唸天上的神……之類的，或者乾脆唸老天在上……，重點是心誠則靈。

唸完以上禱詞，請報出兩組數字，並註明年、月、日、時。

這時第一組數字除以8，取其餘數乾1、兌2、離3、震4、巽5、坎6、艮7、坤8，若整除則以坤8論，取為上卦，再以第二組數字同樣的除以8其餘數乾1、兌2、離3、震4、巽5、坎6、艮7、坤8，若整除則以坤8論，若以翻書為例，第一次翻為157頁，所以1＋5＋7為13，13除以8餘5取為巽5☴，第二次翻為68頁，6＋8等於14，14除以8餘6取為坎6☵，所以重卦☴☵風水渙卦（表渙散、離散之象），若為午時卜卦，午時數為7，取上卦與下卦之和再加上時間數午時數為7，則為上卦13＋下卦14＋午時數7共為34，再除以6取其餘數為4，則為☳變第四爻☰（由下往上數）重卦☰☵風水渙卦改為☰☵天水訟（表訴訟、爭端之象），所以原先風水渙結果變成天水訟，剛開始對事情漫不經心，或者精神渙散，到後來只好走到訴訟一途。

我們再來看上互卦☶艮土及下互卦☳震木與體卦☵坎水的關係，互卦則為發生的前後過程上互卦☶艮土與體卦☵坎水，土剋水表示剛開始對事主本身不利，艮為中男，若以人物來論則為中年男子，下互卦☳震木與體卦☵坎水☵的關係為水生木，體卦☵坎水被下互卦震木所洩，可能到時會損失一筆錢或者給一些好處。

梅花易數範例

		體卦	用卦	上互卦	下互卦	變卦
範例一	卦象	☲	☴	☵	☲	☰
	五行	離火 ☲	巽木	坎水 ☵	離火 ☲	乾金
範例二	卦象	☱	☲	☲	☵	☰
	五行	兌金 ☱	離火 ☲	離火 ☲	坎水 ☵	乾金
範例三	卦象	☳	☲	☴	☱	☶
	五行	震木	離火 ☲	巽木	兌金 ☱	艮土
範例四	卦象	☴	☳	☱	☳	☳
	五行	巽木	震木	兌金 ☱	震木	震木

下列有四個範例，依序排成體卦、用卦、上互卦、下互卦及變卦，我們來逐一探討。

乾金☰、兌金☱、

離火☲、震木☳、

巽木☴、坎水☵、

艮土☶、坤土☷。

現代梅花易數占卜方式：

一、先找出兩組數字排出上、下卦。

二、以上、下卦的重卦看一下卦理（這是剛開始的狀態）。

三、再以當時的時間數（時辰數）與上兩組的數字找出變爻。

四、從變爻之卦找出體卦與用卦。

五、再從體卦與變卦產生的重卦看卦理（這是最終的結果）。

六、依據體、用、變卦排出上、下互卦，順序為體卦、用卦、上互卦、下互卦、變卦。

七、把上述的卦依據五行的屬性，以體卦為主體；再以用卦、上互卦、下互卦及變卦對應與體卦的關係論五行生剋。

八、五行生剋對應體卦可分為生入、比助、剋出、生出、剋入。解釋如下：

五行生剋可分為生入、比助、剋出、生出、剋入。

生入：體卦為火，用卦為木，稱之為生入。

比助：體卦與用卦均為木，稱之為比助。

剋出：體卦為兌金，用卦為巽木，稱之為剋出。

生出：體卦為兌金，用卦為坎水，稱之為生出。

剋入：體卦為離火，用卦為坎水，稱之為剋入。

若以吉凶來論，生入、比助為大吉，剋出為小吉，生出為小凶，剋入為大凶。

這時我們可以先看出上、下卦的重卦（64卦卦理），也就是目前的狀態，1.體卦與用卦五行生剋的關係（目前狀態），2.體卦與上互卦五行生剋的關係（初始狀態）3.體卦與下互卦五行生剋的關係（最後狀態） 4. 體卦與變卦五行生剋的關係（結論）。

至於對應的人、事、時、地、物就以八卦的屬性來論，就可以知道整個事件的來龍去脈，即使問卦者沒有說明，在卦象中都可以顯示出來，並且可以即時提供解答及應對方式。

假如以東西不見了來論，生入、比助可以找回來，東西不是不見，應該是放在家裡，不會不見，只是沒有用心去找而已。是被自己人拿走，或者是放在自己家裡，只是忘了放在哪裡，並沒有丟掉。

若是剋出、生出、剋入，那東西確實是不見了。

剋出也可以說是小吉，東西不見了，但是損失不大，可以忽略。

生出是洩氣，東西不見了，但是損失不大，只是可能是有紀念價值的東西，心裡很惋惜。

剋入是東西確實是不見了，也是非常貴重的東西，損失很大，要找到很難。

東西不見了

範例一 東西不見了

	體卦	用卦	上互卦	下互卦	變卦
卦象	☲	☴	☵	☲	☰
五行	離火	巽木	坎水	離火	乾金

以範例一為例，用卦巽木☴生體卦離火☲是生入，不見了，可能是在家裡，或者就在附近，是可以找回來的。用卦巽木☴，巽為長女，或為東南方，可能是家裡的老大或者是年長女子拿走的，或者是東西在東南方，巽為木，可能是家裡的木質器物、書桌、木櫃，巽為風，也可能是講話比較誇張的人，從這邊可以找到很多的線索。

我們再來看上互卦及下互卦與體卦的關係，上互卦坎水☵剋體卦離火☲，剛開始不是很好找，應該是掉在外面，必須透過協尋、四處搜尋、報案……等方式。下互卦離火☲與體卦離火☲

的關係互為比和，表示東西會找到，沒有問題。最後，體卦離火☲剋變卦乾金☰，有剋就會有破損，東西找到了，但是會有些缺失或破損。

範例二　東西不見了

	體卦	用卦	上互卦	下互卦	變卦
卦象	☲	☱	☲	☲	☵
五行	離火	兌金	離火	離火	坎水

以範例二為例，體卦離火☲對用卦兌金☱是為剋出，東西不見了，是在外面不見的，既然是不見了，我們來看接下來的關係，用卦兌金☱，兌☱為少女或者在西方，可能是一位女孩拿走了或者往西邊的方向去找，上互卦與下互卦都是離火☲，表示過程很順利，但是到最後變卦坎水☵剋體卦離火☲，可能東西有所破損或者需要花點小錢才能夠拿回來。

範例三　東西不見了

	體卦	用卦	上互卦	下互卦	變卦
卦象	☳	☲	☴	☱	☶
五行	震木	離火	巽木	兌金	艮土

以範例三為例，體卦震木 ☳ 生出用卦離火 ☲，東西不見了，是在外面不見的，既然是不見了，我們來看接下來的關係，用卦離火 ☲，離為中女或者在南方，可能是一位中年女子拿走了或者往南邊的方向去找應該有機會，上互卦巽木 ☴ 與體卦震木 ☳ 互為比助，找的過程很順利，下互卦兌金 ☱ 與體卦震木 ☳ 為剋入，表示東西有所損傷或需要錢拿回來或者去拿時很困難，可能對方拿走了，但是另有遠行或者住地方比較遠……等，會比較不順利。最後體卦震木 ☳ 剋變卦艮土 ☶，可能東西有所破損或者需要花點小錢才能夠拿回來。

範例四　東西不見了

	體卦	用卦	上互卦	下互卦	變卦
卦象	☴	☳	☱	☳	☳
五行	巽木	震木	兌金	震木	震木

以範例四為例，體卦巽木☴與用卦震木☳互為比助，東西沒有不見，只是放在附近，忘了放在哪裡。不要慌，稍微靜下心來想一下就可以找到，上互卦兌金☱與體卦巽木☴為剋入，東西應該有破損，上互卦兌金☱，兌為少女，可能是家中小女孩拿走的，下互卦震木☳與體卦巽木☴互為比助，找的過程很順利，變卦震木☳與體卦巽木☴互為比助，表示東西可以拿回來。

範例一　問愛情

	體卦	用卦	上互卦	下互卦	變卦
卦象	☲	☴	☵	☲	☰
五行	離火	巽木	坎水	離火	乾金

以範例一為例，用卦巽木☴生體卦離火☲是生入，對方對自己有喜歡，常常替自己著想，可是自己比較被動。用卦巽木☴，巽為長女，體卦離火☲，離為中女，年紀應該比自己稍長。

我們再來看上互卦及下互卦與體卦的關係，上互卦坎水☵與體卦離火☲水剋火為剋入，表示對我方不假辭色，常常會有爭執，很是辛苦。後來下互卦離火☲與體卦離火☲互為比助，雙方開始互諒、溝通，最後體卦離火☲與變卦乾金☰為剋出，表示可以，「駕馭」對方，只是偶爾會有些磨擦，還是互諒互信較好。

範例二 問愛情

	體卦	用卦	上互卦	下互卦	變卦
卦象	☲	☱	☲	☲	☵
五行	離火	兌金	離火	離火	坎水

以範例二為例，體卦離火☲對用卦兌金☱是為剋出，表示對方對自己是言聽計從，也心儀自己，百依百順，過程相當美好，上互卦與下互卦都是離火☲，表示過程很順利，基本上交友過程是一帆風順，但是到最後變卦坎水☵剋體卦離火☲，可能出現了小差錯，或許自己劈腿東窗事發，或者對方有人猛追，或者一點誤會雙方發生嫌隙鬧得不可開交，這時要挽回愛情已經很難了。

範例三　問愛情

	體卦	用卦	上互卦	下互卦	變卦
卦象	☳	☲	☴	☱	☶
五行	震木	離火	巽木	兌金	艮土

以範例三為例，體卦震木☳生出用卦離火☲，表示自己付出很多，對方年紀比自己年紀稍小，用卦離火☲，離為中女，若對方為男性，表示對方脾氣不好、易怒。上互卦巽木☴與體卦震木☳互為比助，初期過程很順利，還蠻匹配的，下互卦兌金☱與體卦震木☳為剋入，表示慢慢有一些嫌隙、誤會出現，或者對方脾氣大無法招架，有分手的風險，到最後體卦震木☳剋變卦艮土☶，會以團圓收場，但是心中的疙瘩還在，以後還是得小心行事。

範例四　問愛情

	體卦	用卦	上互卦	下互卦	變卦
卦象	☴	☳	☱	☳	☳
五行	巽木	震木	兌金	震木	震木

以範例四為例，體卦巽木☴與用卦震木☳互為比助，兩人情投意合，默契很好。上互卦兌金☱與體卦巽木☴為剋入，交友期間會有一些爭執、磨擦，下互卦震木☳與體卦巽木☴互為比助，幾經溝通後風平浪靜，誤會消解。最後體卦巽木☴與變卦震木☳互為比助，會以完美收場。

範例一　問考試

	體卦	用卦	上互卦	下互卦	變卦
卦象	☲	☴	☵	☲	☰
五行	離火	巽木	坎水	離火	乾金

以範例一為例，體卦離火☲對用卦巽木☴是生入，表示讀書如有神助，讀書很輕鬆、易懂，但是剛開始上互卦坎水☵剋體卦離火☲為剋入，讀書很受挫折，不好理解或記不起來。後來下互卦離火☲與體卦離火☲互為比助，讀書（或者考試）漸入佳境，最後體卦離火☲剋變卦乾金☰，表示考試低空掠過，至少過關了，但不是很高分。

範例二 問考試

	體卦	用卦	上互卦	下互卦	變卦
卦象	☲	☱	☲	☲	☵
五行	離火	兌金	離火	離火	坎水

以範例二為例，體卦離火☲對用卦兌金☱是為剋出，對讀書很有自信，但不是很用功（專心），上互卦與下互卦都是離火☲，表示過程很順利，自以為穩操勝算，但是到最後變卦坎水☵剋體卦離火☲為剋入（視為大凶），可能中間出現了一個失誤，或者是看錯題目，或者其他外來因素導致於成績不很理想，慘遭滑鐵盧。

範例三 問考試

	體卦	用卦	上互卦	下互卦	變卦
卦象	☳	☲	☴	☱	☶
五行	震木	離火	巽木	兌金	艮土

以範例三為例，體卦震木☳對用卦離火☲是生出，表示很用功，準備很久，但是讀得很辛苦，事倍功半。上互卦巽木☴與體卦震木☳互為比助，剛開始過程還算順利，下互卦兌金☱與體卦震木☳為剋入，表示有一些題目不太會，最後體卦震木☳剋變卦艮土☶，幾經波折還算可以，是過關了，但是很辛苦。

範例四 問考試

	體卦	用卦	上互卦	下互卦	變卦
卦象	☴	☳	☱	☳	☳
五行	巽木	震木	兌金	震木	震木

以範例四為例，體卦巽木 ☴ 與用卦震木 ☳ 互為比助，本身很用功讀書，題目也容易理解，讀書很輕鬆。上互卦兌金 ☱ 與體卦巽木 ☴ 為剋入，剛開始有些地方不容易懂，遇到挫折，下互卦震木 ☳ 與體卦巽木 ☴ 互為比助，到後來如倒吃甘蔗，漸入佳境，考的過程很順利，最後體卦巽木 ☴ 與變卦震木 ☳ 互為比助，考試可以考高分。

問求職

範例一　問求職

	體卦	用卦	上互卦	下互卦	變卦
卦象	☲	☴	☵	☲	☰
五行	離火	巽木	坎水	離火	乾金

以範例一為例，體卦離火☲對用卦巽木☴是生入，表示公司對求職之人初期認可，也肯定求職之人實力，但是剛開始上互卦坎水☵剋體卦離火☲為剋入，面試初期有一些事情等待解決，在面試過程中漸入佳境，雙方談得很愉快，最後體卦離火☲剋變卦乾金☰，對於薪水、工作上雖然有些出入，但是大體上完全依照求職者的要求，事情尚稱圓滿。

範例二　問求職

	體卦	用卦	上互卦	下互卦	變卦
卦象	☲	☱	☲	☲	☵
五行	離火	兌金	離火	離火	坎水

以範例二為例，體卦離火☲對用卦兌金☱是剋出，公司對求職者的需求殷切，願意配合求職者的意願。上互卦與下互卦都是離火☲，表示過程很順利，自以為穩操勝算，但是到最後變卦坎水☵剋體卦離火☲為剋入（視為大凶），可能中間出現了一個失誤，或者是雙方意見有一些分歧，導致雙方不歡而散。

範例三　問求職

	體卦	用卦	上互卦	下互卦	變卦
卦象	☳	☲	☴	☱	☶
五行	震木	離火	巽木	兌金	艮土

以範例三為例，體卦震木☳對用卦離火☲是生出，表示希望有這份工作，所以不太計較薪資及工作，上互卦巽木☴與體卦震木☳互為比助，剛開始過程還算順利，下互卦兌金☱與體卦震木☳為剋入，表示事情有一些出入，經過折衝轉圜或者是條件轉變，最後體卦震木☳剋變卦艮土☶，幾經波折還算可以，是過關了，但是過程很辛苦。

範例四 問求職

	體卦	用卦	上互卦	下互卦	變卦
卦象	☴	☳	☱	☳	☳
五行	巽木	震木	兌金	震木	震木

以範例四為例，體卦巽木☴與用卦震木☳互為比助，表示雙方都有合作的意願，而且都互相認同對方的方式，但是上互卦兌金☱與體卦巽木☴為剋入，初期有些地方雙方都有意見，下互卦震木☳與體卦巽木☴互為比助，到後來雙方各退一步，或者重新調整以後，如倒吃甘蔗，漸入佳境，最後體卦巽木☴與變卦震木☳互為比助，可找到自己喜愛的工作，公司也認同求職者。

問合夥做生意

範例一　合夥做生意

	體卦	用卦	上互卦	下互卦	變卦
卦象	☲	☴	☵	☲	☰
五行	離火	巽木	坎水	離火	乾金

以範例一為例，用卦巽木☴生體卦離火☲是生入，對方就是你的貴人，欣賞你的能力，願意幫助你，用卦巽木☴，巽為長女，合夥人的對象應為中年女子。上互卦坎水☵與下互卦離火☲為剋入，對方初期有一些規則、脾氣或其他事物不好處理，或者是剛開始公司千頭萬緒，做得很辛苦。上互卦坎水☵與體卦離火☲互為比助，工作漸入佳境，最後，體卦離火☲剋變卦乾金☰為剋出，公司會賺錢，但是很辛苦。

範例二 合夥做生意

	體卦	用卦	上互卦	下互卦	變卦
卦象	☲	☱	☲	☲	☵
五行	離火	兌金	離火	離火	坎水

以範例二為例，體卦離火☲對用卦兌金☱為剋出，本人的意志力高昂，對方對自己言聽計從。體卦離火☲與上互卦離火☲及下互卦都是離火☲，表示過程很順利，生意紅紅火火的。但是到最後變卦坎水☵剋體卦離火☲，可能是有一些不可抗力的因素，如天災、流行疾病，導致不可抗力的因素而失敗或者是虧錢。

範例三　合夥做生意

	體卦	用卦	上互卦	下互卦	變卦
卦象	☳	☲	☴	☱	☶
五行	震木	離火	巽木	兌金	艮土

以範例三為例，體卦震木☳生出用卦離火☲，合夥是自己一廂情願，自己付出的比較多，剛開始上互卦巽木☴與體卦震木☳互為比助，所以合作倒蠻愉快的，可是後來下互卦兌金☱對體卦震木☳為剋入，有外來因素干擾，或者股東失和，或者公司有些變動，整個環境不太順利，最後體卦震木☳剋變卦艮土☶，公司營業出現轉機，之前的不利因素已經不見了，最後雖然還是有盈餘，公司也有起色，但是過程非常辛苦。

範例四　合夥做生意

	體卦	用卦	上互卦	下互卦	變卦
卦象	☴	☳	☱	☳	☳
五行	巽木	震木	兌金	震木	震木

以範例四為例，體卦巽木☴與用卦震木☳互為比助，表示雙方意見一致，理念正確，一拍即合。上互卦兌金☱與體卦巽木☴為剋入，初期合作有些不順，可能需要磨合期，或者生意沒有想像中的容易。下互卦震木☳與體卦巽木☴互為比助，過程中漸入佳境，生意慢慢有起色，最後體卦巽木☴與變卦震木☳互為比助，是大吉之象，要合夥做生意可成。

所以我們來做個結論，在我們卜卦時第一次的數字為上卦，第二次的數字為下卦，這跟其他的卦如六爻神數、文王卦剛好相反，以上、下卦為重卦，再加上時辰數除以6取餘數為變爻，取其變爻之本卦為用卦，已經變爻之卦為變卦，再用原本的體卦與變卦之重卦為其結果，而上互卦及下互卦為過程，所以我們可以知道原本發生的原因、發生的過程以及發生的結果，其中再以卦象的人物、事務、動物、身體器官……就可以斷定之間的原因始末及過程，這是梅花易數與其他卦不同的地方。

上卦數	下卦數	時辰數	總數
1+5+7=13	6+8=14	7	34

	卦象	五行
體卦	☵	坎水
用卦	☰	乾金
上互卦	☶	艮土
下互卦	☳	震木
變卦	☰	乾金
☴	☵	風水渙

上互卦艮土 ☶ 及下互卦震木 ☳ 與體卦坎水 ☵ 的關係，互卦則為發生的前後過程，上互卦艮土 ☶ 與體卦坎水 ☵，土剋水表示剛開始對事主本身不利，艮為少男，若以人物來論則為少年男子，下互卦震木 ☳ 與體卦坎水 ☵ 的關係為水生木，體卦坎水 ☵ 被下互卦震木 ☳ 所洩，可能到時會損失一筆錢或者給一些好處。

梅花易數實例詳解

接下來我們再來看一些範例：

乾（☰）、兌（☱）、離（☲）、震（☳）、巽（☴）、坎（☵）、艮（☶）、坤（☷）

上卦數	下卦數	時辰數	總數

	卦象	五行
體卦	☵	坎水
用卦	☶	艮土
上互卦	☲	離火
下互卦	☵	坎水
變卦	☷	坤土
☵	☶	水山蹇

範例一：婚姻

本造：坤造

事由：合婚，目前的婚姻遇到了麻煩

時間：

結果：

1、本卦是水山蹇卦 ䷦，用卦艮土 ☶ 剋體卦坎水 ☵，表示目前婚姻處理十分艱難，對方剋妳，妳比較難受。（她說確實如此）

2、互卦是火水未濟卦 ䷿，測算姻緣遇到這個卦，表示婚姻不成功。（她說她目前已經離婚）

3、變卦是水地比卦 ䷇，體卦坎水 ☵ 與用卦艮土 ☶ 五行相剋，感情難以恢復，他還會來找妳的麻煩。（她說前夫與她分開一個月後，前天又來找她的麻煩，還拿刀威脅家人）

4、什麼時候他才不會來找麻煩呢?從卦象上看，目前是農曆三月，土正旺，他處於強勢。要到秋天金旺之時，對妳有利，他就不會再找妳麻煩了。

範例二

事由：偶觀梅，見二雀爭枝墜地。先生曰：「不動不占，不因事不占。今二雀爭枝墜地，怪也。」因占之。

結果：辰年十二月十七日申時，康節先生偶觀梅，見二雀爭枝墜地。先生曰：「不動不占，不因事不占。今二雀爭枝墜地，怪也。」因占之，辰年5數，十二月12數，十七日17數，共34數，除以8，餘數2，屬兌，為上卦，加申時9數，總和43數，除以8，餘數3，為離，作下卦。又上下總和43，除以6，六七四十二，餘數1為動爻，是為澤火革。初爻變咸，互見乾巽。

上卦數	☱ 34	☱	變卦	下互卦	上互卦	用卦	體卦	
下卦數	☲ 43	☶	☶	☴	☰	☲	☱	卦象
時辰數	9							五行
總數								

乾（☰）、兌（☱）、離（☲）、
震（☳）、巽（☴）、坎（☵）、
艮（☶）、坤（☷）

詳此卦，明晚當有女子折花，園丁不知而逐之，女子失驚墜地，遂傷其股。右兌金為體，離火剋之。互中巽木，復三起離火，則剋體之卦氣盛。兌為少女，因知女子之被傷，而互中巽木，又逢乾金兌金剋之，則巽木被傷，而巽為股，故有傷股之應。幸變為艮土，兌金得生，知女子但被傷，而不至凶危也。

範例三

事由：牡丹占

時間：巳年三月十六日卯時

結果：今日算牡丹得姤兆，為馬所踐，異日果為馬所踐毀。眾客愕然不信，次日午時，果有貴官觀牡丹，二馬相齧，群至花間馳驟，花盡之踐毀。

斷之日：巽木為體，乾金剋之，互卦又見重乾，剋體之卦多矣，卦中無生意，故牡丹必為踐毀。所謂馬者，乾為馬也。午時者，離明之象，是以知之也。

上卦數	下卦數	時辰數	總數
☰ 25	☴ 29	4	29

	卦象	五行
	天風詬	
變卦	☲	
下互卦	☰	
上互卦	☰	
用卦	☲	
體卦	☴	

乾（☰）、兌（☱）、離（☲）、

震（☳）、巽（☴）、坎（☵）、

艮（☶）、坤（☷）

範例四

本造：乾造

時間：酉時

事由：

結果：

冬夕酉時，先生方擁護，有扣門者，初扣一聲而止，繼而又扣五聲，且云借物。先生令勿言，令其子占之所借何物。以一聲屬乾為上卦，以五聲屬巽為下卦，又以一乾五巽共6數，加酉時數共得16數，以六除之，餘數4，得天風姤䷫。第四爻變巽卦☴，互見重乾。卦中三乾金，二巽木，為金木之物也，又以乾金短，而巽木長，是借斧也。

子乃斷曰：「金短木長者，器也，所借鋤也。」先生曰：「非也。必斧也。」聞之，果借斧，其子問何故，先生曰：「起數又須明理。以卦推之，斧亦可也，鋤亦可也；以理推之，夕晚安用鋤？必借斧。蓋斧切於劈柴之用耳。推數又須明理，為卜占之切要也。推數不理，是不得也。學數者志之！」

乾（☰）、兌（☱）、離（☲）、震（☳）、巽（☴）、坎（☵）、艮（☶）、坤（☷）

範例五

本造：乾造

時間：12：18

事由：問台積電股票結果

結果：重掛天地否☰☷，本身就凶，加上體被剋，上互掛剋體，下互卦平，變卦兌金☱剋體，所以會一直跌下去，應該盡早賣出股票。

上卦數	下卦數	時辰數	總數
9	8	7	24

	卦象	五行
☰	☷	天地否
變卦	☱	兌金
下互卦	☶	艮土
上互卦	☴	巽木
用卦	☰	乾金
體卦	☷	坤土

乾（☰）、兌（☱）、離（☲）、震（☳）、巽（☴）、坎（☵）、艮（☶）、坤（☷）

範例六

本造：乾造

事由：問與黃建築師締約狀況

時間：午時

結果：

蹇，為跛腳，行動不便。所以與黃建築師締約有點窒礙難行，體卦坎水☵用卦艮山☶（為止）水山蹇䷦，對方堅持己見很難溝通。上互卦離火☲與體卦坎水☵，水火相戰雙方各持己見，誰也不讓誰，下互卦坎水☵，與體卦坎水☵契合，最終達成妥協，所以此事要據理力爭。

變卦巽木☴為最後結果，水來生木，表示此案本造付出的比較多，但是沒有本造的努力黃建築師也成不了事。

上卦數	下卦數	時辰數	總數
6	7	7	20
☵	☶		水山蹇

	卦象	五行
變卦	☴	巽木
下互卦	☵	坎水
上互卦	☲	離火
用卦	☶	艮土
體卦	☵	坎水

範例七

本造：乾造

時間：午時

事由：問與賴代書締約狀況

解卦：上卦數12除以8餘4，為震卦☳，下卦數11除以8餘3，為離卦☲，時辰數7，總和為30，30除以6整除，所以第六爻變離卦☲。

結果：重卦雷火豐䷶，表示豐收，滿載而歸。與賴代書談他願意讓利，而且合作愉快。

1. 用卦震木☳（對方）生體卦離火☲（自己），表示他願意配合。

上卦數	下卦數	時辰數	總數
12	11	7	30
☳	☲	6	雷火豐
變卦	☲	離火	
下互卦	☴	巽木	
上互卦	☱	兌金	
用卦	☳	震木	
體卦	☲	離火	
	卦象	五行	

乾（☰）、兌（☱）、離（☲）、

震（☳）、巽（☴）、坎（☵）、

艮（☶）、坤（☷）

2. 體卦離火☲剋上互卦兌金☱，火剋金，表示以本造的意見為主。

3. 下互卦巽木☴來生體卦離火☲，表示他也會提供一些機會給我們。最後變卦與體卦都為離火☲比和，表示默契十足，也志同道合。將來合作愉快是一個合作夥伴。

範例八　仲介賣屋

本造：坤造

時間：巳時

事由：問與白小姐銷售房屋狀況

解卦：上卦數16除以8整除，為坤卦☷，下卦數8除以8整除，為坤卦☷，時辰數6，總和為30，除以6整除，所以第六爻變艮土☶。

上卦數	下卦數	時辰數	總數
16	8	6	30
☷	☷	6	坤為地

	卦象	五行
變卦	☶	艮土
下互卦	☷	坤土
上互卦	☷	坤土
用卦	☷	坤土
體卦	☷	坤土

乾（☰）、兌（☱）、離（☲）、
震（☳）、巽（☴）、坎（☵）、
艮（☶）、坤（☷）

結果：重卦坤為地卦䷁，表示母性，柔順、保守。以這個卦來說，是可以賣掉。但是都是聽婦人言，耳根軟，沒主見。這個卦從六十四卦、上、下卦、體用卦、上、下互卦都是坤卦☷屬土（婆婆媽媽、三姑六婆太多），用卦為艮卦☶，也是土。全部都是土，理論上都是順風順水的，但是土的性質是不動的，做母親的也是比較謹慎、慢吞吞的，所以急不得。一急就沒好價錢。若加上變卦為艮卦☶。重卦為䷖坤為地卦，是剝落的意思！這個案子若不趕快賣掉，會越來越差，不會有好價錢的。

範例九

本造：坤造

時間：午時

事由：問感情

解卦：上卦數33除以8餘1，為乾卦☰，下卦數55除以8餘7，為艮卦☶，時辰數7，總和為95，95除以6餘5，所以第五爻變離卦☲。

結果：重卦天山遯卦䷠，表示退守、退步之意。體卦艮土☶生用卦乾金☰，上互卦也是乾金☰，表示從認識開始到現在一直在付出，對方像大爺一樣，覺得是應該的。

上卦數	下卦數	時辰數	總數
33	55	7	95
乾☰	艮☶	5	天山遯

	卦象	五行
變卦	☲	離火
下互卦	☴	巽木
上互卦	☰	乾金
用卦	☰	乾金
體卦	☶	艮土

乾（☰）、兌（☱）、離（☲）、
震（☳）、巽（☴）、坎（☵）、
艮（☶）、坤（☷）

下互卦巽木☴剋體卦艮土☶，其中可能出現一個年紀較大的女人在攪局，所以開始不睦。最後變卦為離火☲，（旅行不定、不安穩），表示且談且走雙方需要沉澱一下。對方應該有點大男人主義，比較自我。這時該想一下自己的退路了，值得再為這個人付出嗎？

感情不是買賣，沒有賺賠的問題，只有值不值得。感情這件事情是要長長久久的，如果妳覺得這個卦很準，那以後都會是這樣，改變不了他，妳願意嗎？如果願意，妳以後一輩子都得付出，若不值得，就早早收攤吧！這個卦不是很好的卦，天山遯卦是六十四卦的四大難卦之一。我個人認為，該收手了！

範例十

本造：乾造

事由：問46、48號案賴代書是否優於建築師

時間：午時

事由：問台積電股票結果

解卦：上卦數4，為震卦☳，下卦數17除以8餘1，為乾卦☰，時辰數7，總和為28，28除以6餘4，所以第四爻變離卦☲。

上卦數	下卦數	時辰數	總數
4	17	7	28
☳	☰		雷天大壯

	卦象	五行
變卦	☷	坤土
下互卦	☰	乾金
上互卦	☱	兌金
用卦	☳	震木
體卦	☰	乾金

結果：重掛雷天大壯卦䷡，此事可以做得轟轟烈烈，變卦重掛地天泰也是陰陽交合之卦。體卦為乾金☰，用卦為震木☳，體剋用表示一切可以依我們的方式進行，上互卦下互卦均為金，與體卦乾金☰相謀合，所以合作愉快，變卦坤土☷生乾金，表示有利潤，而且充分配合，變卦重卦地天泰，否極泰來，有越來越好的跡象。

範例十一

本造：坤造

時間：12：18

事由：問與房東出價租金可降

解卦：上卦數7＋8＝15除以8餘7，為艮卦☶，下卦數2＋7＝9除以8餘1，為乾卦☰，時辰數9，總和為33，33除以6餘3，所以第三爻變兌卦☱。

結果：重卦山天大畜卦䷙，變卦山澤損卦䷨，房東開價租金一萬六仟元想殺一點價錢，但是體卦艮土☶生用卦乾金☰，無法左右房東，上互卦震木☳剋體卦艮土☶，所以房東

上卦數	下卦數	時辰數	總數
7+8=15	2+7=9	9	33
☶	☰	山天大畜	

	卦象	五行
變卦	☱	兌金
下互卦	☱	兌金
上互卦	☳	震木
用卦	☰	乾金
體卦	☶	艮土

乾（☰）、兌（☱）、離（☲）、
震（☳）、巽（☴）、坎（☵）、
艮（☶）、坤（☷）

姿態較高，因為房東有貸款的壓力，租金很難降價，想要殺價卻無法如意，體卦艮土☶生下互卦卦兌金☱，幾經波折同意降價一仟元，以一萬五仟元成交。變卦兌金☱兌為少女，所以推斷房東為年輕女子，以收租金來繳貸款。經詢問，果然應驗。

範例十二

本造：坤造

時間：未時

事由：想代理邱先生的椰子油

解卦：上卦數5＋4＝9除以8餘1，為乾卦☰，下卦數1＋3＋7＝11除以8餘3，為離卦☲，時辰數8，總和為

	上卦數	下卦數	時辰數	總數
	5+4=9	1+3+7=11	8	28
	☰	☲		天火同人
		卦象	五行	
變卦		☴	巽木	
下互卦		☴	巽木	
上互卦		☰	乾金	
用卦		☰	乾金	
體卦		☲	離火	

28，28除以6餘4，所以第四爻變巽卦☴。

結果：原先天火同人卦䷌後來變為天風姤卦䷫，就是剛開始有志一同，到後來就會有嫌隙。對方年紀稍長，是某家企業的老闆，體卦離火☲剋用卦乾金☰，所以溝通上會比較辛苦，上互卦也是乾金☰，共事會很累，體卦離火☲生下互卦巽木☴，表示不斷的付出。最終變卦也是巽木☴，也是不斷的付出。最後結果天風姤䷫有點汙垢、嫌隙，朋友做不成惹來一身腥，也沒賺到錢。

乾（☰）、兌（☱）、離（☲）、震（☳）、巽（☴）、坎（☵）、艮（☶）、坤（☷）

範例十三

本造：坤造

時間：22時

事由：若換工作，結局如何？

解卦：上卦數1＋2＋9＝12除以8餘4，為震卦☳，下卦數1＋7＋5＝13除以8餘5，為巽卦☴，時辰數12，總和為37，32除以6餘1，所以第一爻變乾卦☰。

結果：詢問若換工作，結局如何？

該女原先擔任某電腦公司客服工作，室友高薪聘請，希望她來某廣告公司任職，該女原先學過廣告設計，既然新公司薪水不錯，但是原本客服沒有壓力也穩

上卦數	下卦數	時辰數	總數
1+2+9=12	1+7+5=13	12	37
☳	☴	雷鋒恆	

	卦象	五行
體卦	☳	震木
用卦	☴	巽木
上互卦	☱	兌金
下互卦	☰	乾金
變卦	☰	乾金

乾金（☰）、兌金（☱）、
離火（☲）、震木（☳）、
巽木（☴）、坎水（☵）、
艮土（☶）、坤土（☷）

定，只是客服不是長遠之計，想再問若去該公司的狀況如何？

起出兩組數字，第一組為129，第二組為239，上卦1＋2＋9＝12為震木☳，下卦175，1＋7＋5＝13為巽木☴，重卦上卦☳下卦☴為雷鋒恆，當天是晚上10點多，時辰數為12，12＋13＋12＝37，37除以6餘數為1，取其變爻為第一爻為乾金☰，重卦上卦☳下卦☴變為上卦☳下卦☰為雷天大壯。

我們再來研究其五行生剋關係：可以發揮長才。上互卦兌金☱與體卦震木☳是剋入，是為大凶，剛進去會有很多的不習慣或是遭受排擠，或者是壓力很大要付出很多精力及時間，上互卦兌金☱與體卦震木☳也是剋入，下互卦乾金☰與體卦震木☳也是剋入，工作會很勞累而且壓力很大。也有金錢上的滿足。最後體卦震木☳與變卦乾金☰也是剋入，會非常辛苦壓力也大。

基本上這個卦是好卦，用卦巽木☴對體卦震木☳互為比助，表示如魚得水，由原先的雷鋒恆卦變為雷天大壯卦，不但能持久也能好好發揮才華。

範例十四

本造：坤造

時間：下午2點

事由：欲從事身心靈助人產業（陪伴、聆聽、療癒等），自己接案，適不適合？能否求得溫飽？

解卦：上卦數8＋0＝8除以8整除，為坤卦☷，下卦數2＋1＋9＝12除以8餘4，為震卦☳，時辰數8，總和為28，28除以6餘4，所以第四爻變震卦☳。

結果：重卦䷏雷地豫卦，表示高興悅樂之意或猶豫，此卦顯示做事積極、有力，性情柔

上卦數	8+0=8		
下卦數	2+1+9=12		
時辰數	8		
總數	28		
	☷	☳	雷地豫
變卦		☳	震木
下互卦		☷	坤土
上互卦		☷	坤土
用卦		☷	坤土
體卦		☳	震木
		卦象	五行

乾（☰）、兌（☱）、離（☲）、震（☳）、巽（☴）、坎（☵）、艮（☶）、坤（☷）

和、圓融，充滿令人喜樂之氣象。眼前不順，但長期可平安亨通。生機暗藏，只需等待春天一到，就會欣欣向榮。

1. 體卦震木☳剋用卦坤土☷為剋出，一開始會隨心所欲，風風火火的。
2. 體卦震木☳剋上互卦及下互卦坤土☷，其實可以水到渠成。
3. 體卦震木☳與變卦☳震木互為比助，想來日子會過得很開心，做到自己喜歡的事業，又可以助人及賺錢。可以行善又可以賺到錢，所謂一舉兩得。

範例十五

本造：坤造

時間：20：59戌時

事由：跟著吳老師及他的團隊投資桃園火車站附近的房地產能否順利、賺錢？

解卦：上卦數3＋2＋9＝14除以8餘6，為坎卦☵，下卦數4＋8＝12除以8餘4，為震卦☳，時辰數11，總和為37，以37除6餘1，所以第一爻變坤卦☷。

結果：剛卜之重卦為水雷屯卦䷂（剛出生的小草柔弱），表示對這門生意一無所知，有如剛出生的小草水地比（融合互持、比和），此卦

上卦數	3+2+9=14	☵	變卦	下互卦	上互卦	用卦	體卦	
下卦數	4+8=12	☳	☷	☷	☶	☳	☵	卦象
時辰數	20:59 戌(11)	水雷屯	坤土	坤土	艮土	震木	坎水	五行
總數	37							

乾（☰）、兌（☱）、離（☲）、

震（☳）、巽（☴）、坎（☵）、

艮（☶）、坤（☷）

除了體卦坎水☵外與用卦震木☳為生出，表示有投資金錢或時間，其他上互卦、下互卦及變卦都為艮土☶及坤土☷，土剋水為剋入，是為大凶。用卦震木☳為生出，上互卦為艮土☶，表示參加投資者以中年男子居多，變卦坤土☷，最大金主可能為一大姊。

此投資並不如想像中的好，有很多外在因素干擾，處處碰壁，不得安寧。

最後投資金錢可能會虧損或被吃掉。

範例十六

本造：坤造

時間：亥時

事由：求職應徵

解卦：上卦數30除以8餘6，為離卦☲，下卦數49除以8餘1，為乾卦☰，時辰數12，總和為91，91除以6餘1，所以第一爻變☴巽卦。

結果：體卦坎水☵，用卦乾金☰，金來生水，重卦水天需卦䷄，所以對方需要本造的才能，本造也可以站在主導的地位（本造管理公司經驗豐富，所以有什麼要求可以不客氣地說出來，他們一定支持）。

上卦數	下卦數	時辰數	總數
30	49	12	91

	卦象	五行
䷄	☰	水天需
變卦	☴	巽木
下互卦	☱	兌金
上互卦	☲	離火
用卦	☰	乾金
體卦	☵	坎水

乾（☰）、兌（☱）、離（☲）、震（☳）、巽（☴）、坎（☵）、艮（☶）、坤（☷）

本卦的結果：

用卦乾金☰生體卦坎水☵，體卦坎水☵剋上互卦離火☲，我剋者為財，薪水應該不低，而且完全尊重本造的能力，下互卦兌金☱生體卦坎水☵，公司會全力支持及全方位的協助，而且也可以為這家公司付出。

本造去公司面試，把工作敲定，十月前後上班。

是一家外國公司，公司營業頗豐。是全世界知名品牌，薪資、福利比之前公司高，工作量多且事務繁多，需要全方位的處理事情。薪水應該不低，而且完全尊重本造的能力，下互卦兌金☱生體卦坎水☵司會全力支持及全方位的協助。

上互卦離火☲（中女），下互卦兌金☱（少女），所以同事多為年輕女性，體卦坎水☵，水主財，所以財物的工作較重。而且水是無所不在，所以工作性質較多，又與卦象吻合，變卦巽木☴（長女），所以主管（年紀稍長）為女性。

範例十七

本造：坤造

時間：未時

事由：工作去留

解卦：上卦數3＋3＝6為坎卦☵，下卦數8＋7＝15除以8餘7，為艮卦☶，時辰數8，總和為29，29除以6餘5，所以第五爻變坤卦☷。

上卦數	下卦數	時辰數	總數
3+3=6	8+7=15	8	29
☵	☶	水山蹇	

	卦象	五行
體卦	☶	艮土
用卦	☵	坎水
上互卦	☲	離火
下互卦	☵	坎水
變卦	☷	坤土木

乾（☰）、兌（☱）、離（☲）、
震（☳）、巽（☴）、坎（☵）、
艮（☶）、坤（☷）

結果：

體卦艮土☶剋下互卦坎水☵，我剋者為財，多多少少還有一些收入，且對於事業還是有幫助，變卦坤土☷與體卦艮土☶比和，人脈還是很重要，。

不要放棄。

1. 重卦水山蹇卦 ䷦ 表示寒足之意。主凶象，四大難卦第三卦。**冰天雪地中赤足而行，表示現在處境多麼的艱辛困苦**，卻又不能放守不管，只能硬撐到底。此時雖是無奈，但也總有苦盡甘來的時刻。

2. 體卦艮土 ☶ 剋用卦坎水 ☵，我剋者為財，表示這家公司還能提供最基本的收入，不可放棄。

3. 上互卦離火 ☲ 生體卦艮土 ☶，可以接觸很多人脈，對自己的事業也有一些幫助。

範例十八

本造：坤造

時間：未時

事由：繼續不動產事業

解卦：上卦數5＋8＝13除以8餘5，為巽卦☴，下卦數6＋3＝9除以8餘1，為乾卦☰，時辰數8，總和為30，30除以6整除，所以第六爻變坎卦☵。

結果：

1. 重卦風天小畜卦䷈ **表寒足之意。表示小有積蓄。**是個小吉卦，事事不可貪大，投資理財均需保守為佳。健康無礙

上卦數	下卦數	時辰數	總數
5+8=13	6+3=9	8	30

	卦象	五行
䷈	☴☰	風天小畜
變卦	☵	坎水
下互卦	☱	兌金
上互卦	☵	坎水
用卦	☴	巽木
體卦	☰	乾金

乾（☰）、兌（☱）、離（☲）、
震（☳）、巽（☴）、坎（☵）、
艮（☶）、坤（☷）

平順。體卦乾金☰剋用卦巽木☴，我剋者為財，表示還是會有收入的。

2. 體卦乾金☰生上互卦坎水☵，表示花了很多時間及精力在不動產，在這邊很上心。

3. 下互卦兌金☱與體卦乾金☰比和，天助人助，還是會有收穫。艮土剋用卦坎水，我剋者為財上，表示這家公司還能提供最基本的收入，不可放棄。上互卦離火生體卦艮土，可以接觸很多人脈，對自己的事業也有一些幫助。變卦坎水☵洩體卦乾金☰，最後重卦水天需䷄，還需要很多機來補足。

範例十九

本造：坤造

時間：午時

事由：內湖某公司合作業務

解卦：上卦數4＋8＝12除以8餘4，為震卦☳，下卦數5＋9＝14除以8餘6為坎卦☵，時辰數7，總和為33，33除以6餘3，所以第三爻變巽卦☴。

結果：

1. 本卦重卦是雷水解卦䷧，表示困難解決之象是解除自己的問題(私人問題不多問)，這個案子可以得到解套。

上卦數	4+8=12	☳	變卦	下互卦	上互卦	用卦	體卦	
下卦數	5+9=14	☵	☴	☲	☵	☵	☳	卦象
時辰數	7	雷水解	巽木	離火	坎水	坎水	震木	五行
總數	33							

乾金(☰)、兌金(☱)、離火(☲)、震木(☳)、巽木(☴)、坎水(☵)、艮土(☶)、坤土(☷)

2. 用卦坎水☵生體卦震木☳，表示完全願意配合。

3. 上互卦坎水☵生體卦震木☳，初期合作還算順利，各取所需。下互卦離火☲與體卦震木☳比和，表面上是一團和氣，但是內部暗潮洶湧。

4. 下互卦離火☲洩體卦震木☳，會慢慢耗損金錢及精力，會很辛苦。最後變卦巽木☴與體卦震木☳比和，還是可以達到雙贏的地步。

範例二十

本造：坤造

時間：午時

事由：與內湖某公司成立工作站

解卦：上卦數1＋5＋8＝14除以8餘6，為☵坎卦，下卦數1＋1＋4＝6為坎卦☵，時辰數7，總和為27，27除以6餘3，所以第三爻變巽卦☴。

結果：本卦是坎為水卦䷜，是六十四卦裡四大難卦之一，是**陷溺被水淹滅之意**，用卦與剋體比和，表面上是一團和氣，但是內部暗潮洶湧。

上卦數	下卦數	時辰數	總數
1+5+8=14	1+1+4=6	7	27
☵	☵	坎為水	

	體卦	用卦	上互卦	下互卦	變卦
卦象	☵	☵	☶	☳	☴
五行	坎水	坎水	艮土	震木	巽木

乾金（☰）、兌金（☱）、離火（☲）、
震木（☳）、巽木（☴）、坎水（☵）、
艮土（☶）、坤土（☷）

上互卦艮土☶與體卦坎水☵是剋體卦，下互卦震木☳是洩體卦坎水☵，表示剛開始困難重重，要錢沒錢，要人沒人，得不到多少資源，而本身又勞民傷財得不到好結果，最後是幫人作嫁，只有付出沒有收穫。

範例二十一

本造：乾造

時間：午時

事由：自己來開發業務

解卦：上卦數5＋9＝14除以8餘6，為坎卦 ☵，下卦數1＋1＝2為兌卦 ☱，時辰數7，總和為23，23除以6餘5，所以第五爻變 ☷ 坤卦。

結果：

1. 本卦重卦是水澤節卦 ䷻，表示一切要按部就班，循序漸進，不可投機取巧終會成功。用卦坎水 ☵ 洩出體卦兌金

上卦數	5+9=14	☵	
下卦數	1+1=2	☱	
時辰數	7	水澤節	
總數	23		

	卦象	五行
變卦	☷	坤土
下互卦	☳	震木
上互卦	☶	艮土
用卦	☵	坎水
體卦	☱	兌金

乾金（☰）、兌金（☱）、離火（☲）、震木（☳）、巽木（☴）、坎水（☵）、艮土（☶）、坤土（☷）

☱，表示一切要付出勞力、金錢才會有收穫。

2. 上互卦艮土 ☶ 生體卦兌金 ☱，表示剛開始會有貴人相助，要錢有錢，要人有人，一切風風火火的進行。

3. 體卦兌金 ☱ 剋下互卦震木 ☳，我剋者為財，一切都會有進帳。

4. 變卦坤土 ☷ 生體卦兌金 ☱，最終結果是收入頗豐，一切都是靠自己的努力而得。

範例二十二

本造：乾造

時間：子時

事由：想在內湖買一間房子將來自住或出租。

解卦：

上卦數1＋4＋8＝14除8餘6，為坎卦☵，下卦數1＋6＋3＝10除以8餘2，為兌卦☱，時辰數1，總和為25，25除以6餘1，所以第一爻變☵坎卦。

上卦數	下卦數	時辰數	總數
1+4+8=14	1+6+3=10	1	25
☵	☱	水澤節	

	卦象	五行
體卦	☵	坎水
用卦	☱	兌金
上互卦	☶	艮土
下互卦	☳	震木
變卦	☵	坎水

乾金（☰）、兌金（☱）、離火（☲）、

震木（☳）、巽木（☴）、坎水（☵）、

艮土（☶）、坤土（☷）

結果：

1. 本卦是為水澤節卦 ䷻，**表示有需要節制之象**，用卦兌金 ☱ 生體卦坎水 ☵，表示對方會依附買方的要求，開價 1380 萬（欲出價 1128 萬）。

2. 上互卦艮土 ☶ 剋體卦坎水 ☵，下互卦震木 ☳ 洩體卦坎水 ☵，表示買房子天人交戰，一下子要籌出這麼多錢，買了房子還得花錢整修……，最後變卦坎水 ☵ 與體卦坎水 ☵ 比和，過程還是相當滿意，也可因而得利。

範例二十三

本造：乾造

時間：申時

事由：內湖買一間房子

解卦：上卦數1＋3＋3＝7為艮卦☶，下卦數2＋2＋5＝9除以8餘1，為乾卦☰，時辰數9，總和為25，25除以6餘1，所以第一爻變巽卦☴。

結果：

1. 本卦是為山天大畜卦䷙，**表示會有很多的積蓄**，用卦乾金☰洩體卦艮土☶，表示會付出很多的精力或金錢(付出

上卦數	下卦數	時辰數	總數
1+3+3=7	2+2+5=9	9	25
☶	☰	山天大畜	
變卦	☴	巽木	
下互卦	☱	兌金	
上互卦	☳	震木	
用卦	☰	乾金	
體卦	☶	艮土	
	卦象	五行	

乾金(☰)、兌金(☱)、離火(☲)、震木(☳)、巽木(☴)、坎水(☵)、艮土(☶)、坤土(☷)

多得到的少）。

2. 上互卦震木☳剋體卦艮土☶，下互卦兌金☱洩體卦艮土☶，上、下互卦又剋又洩體卦，這一間買下來會很操煩（其實金額頗高，已經高出預算太多）表示買房子天人交戰，一下子要籌出這麼多錢，買了房子還得花錢整修……。

3. 最後變卦巽木☴剋體卦艮土☶，恐怕買來不會賺錢會虧本。

所以建議這間房子不要買。

範例二十四

本造：坤造

時間：申時

事由：問在上海工作

解卦：

上卦數6＋4＝10除以8餘2，為兌卦☱，下卦數4為震卦☳，時辰數9，總和為23，23除以6餘5，所以第五爻變震卦☳。

結果：

重卦澤雷隨卦䷐，表示隨遇而安，一切隨和，夫唱婦隨之意。

上卦數	下卦數	時辰數	總數
6+4=10	4	9	23
☱	☳	澤雷隨	

	卦象	五行
體卦	☳	震木
用卦	☱	兌金
上互卦	☴	巽木
下互卦	☶	艮土
變卦	☳	震木

乾金（☰）、兌金（☱）、離火（☲）、
震木（☳）、巽木（☴）、坎水（☵）、
艮土（☶）、坤土（☷）

1. 體卦震木☳被用卦兌金☱剋。
2. 上互卦巽木☴比和體卦震木☳，其實目前還算是穩定，也有學生來上課。
3. 下互卦艮土☶被體卦震木☳剋，漸漸的會有些不順，學生減少，疫情復發。
4. 結論變卦震木☳比和體卦震木☳，基本上還是相當穩定的收入，雖然期間有些不如意，但是仍可化險為夷，薪水還是不錯的。

範例二十五

本造：坤造

時間：申時

事由：問回台灣工作

解卦：上卦數8，為坤卦☷，下卦數4＋8＝12除以8餘4，為震卦☳，時辰數9，總和為29，29除以6餘5，所以第五爻變坎卦☵

結果：

重卦地雷復卦䷗，表示重複再來、周而復始之意。

上卦數	下卦數	時辰數	總數
8	4+8=12	9	29

	卦象	五行
	☷ ☳	地雷復
變卦	☵	坎水
下互卦	☷	坤土
上互卦	☷	坤土
用卦	☷	坤土
體卦	☳	震木

乾金（☰）、兌金（☱）、離火（☲）、
震木（☳）、巽木（☴）、坎水（☵）、
艮土（☶）、坤土（☷）

體卦震木☳被用卦坤土☷剋，

1. 上互卦坤土☷被體卦震木☳所剋，回來後又是另一個轉機，會隨你的意思任意發揮。

2. 下互卦坤土☷被體卦震木☳剋，最後還是會一帆風順。

3. 結論：變卦坎水☵生體卦震木☳，基本上還是不錯的，也會有貴人相助。

範例二十六

本造：坤造

時間：午時

事由：某女問在上海工作

解卦：上卦數6＋5＋2＝13除以8餘5，為巽卦☴，下卦數2＋0＋7＝9除以8餘1，為乾卦☰，時辰數7，總和為29，29除以6餘5，所以第五爻變艮卦☶

結果：重卦風天小畜卦䷈，表小有積蓄，事事不可貪大，一切均需保守為佳。

1. 體卦乾金☰剋用卦巽木☴，表示想留

上卦數	6+5+2=13	☴
下卦數	2+0+7=9	☰
時辰數	7	風天小畜
總數	29	

	卦象	五行
變卦	☶	艮土
下互卦	☱	兌金
上互卦	☲	離火
用卦	☴	巽木
體卦	☰	乾金

乾金（☰）、兌金（☱）、離火（☲）、
震木（☳）、巽木（☴）、坎水（☵）、
艮土（☶）、坤土（☷）

在上海工作的意志很強烈，會賺到錢。

2. 上互卦離火 ☲ 剋體卦乾金 ☰，目前還有點辛苦，因為疫情關係，有很大的轉折。

3. 下互卦兌 ☱ 與體卦乾金 ☰ 比和，漸漸的會有順暢，學生增加，比較能隨心所欲。

4. 結論：變卦艮土 ☶ 生體卦乾金 ☰，會否極泰來，漸入佳境。

範例二十七

本造：坤造

時間：申時

事由：某女問在上海有否結婚對象

解卦：上卦數6＋3＋7＝16除以8整除，為坤卦☷，下卦數2＋0＋7＝9除以8餘1，為乾卦☰，時辰數7，總和為32，32除以6餘2，所以第二爻變離卦☲

結果：

1. 重卦地天泰卦䷊，表示否極泰來之意，一切隨和，夫唱婦隨之意，天地陰陽兩氣相交，而萬物通亨榮泰、事事如意之象。

上卦數	6+3+7=16	☷	變卦	下互卦	上互卦	用卦	體卦	
下卦數	2+0+7=9	☰	☲	☱	☳	☰	☷	卦象
時辰數	7	地天泰	離火	兌金	震木	乾金	坤土	五行
總數	32							

乾金（☰）、兌金（☱）、離火（☲）、
震木（☳）、巽木（☴）、坎水（☵）、
艮土（☶）、坤土（☷）

2. 體卦坤土☷生用卦乾金☰，表示自己付出的多，是自己一廂情願，對方都不領情。

3. 上互卦震木☳剋體卦坤土☷，對方都在佔自己的便宜，而且性情好勝，大男人主義。

4. 體卦坤土☷生下互卦兌金☱，自己付出的多，熱臉貼對方冷屁股。付出感情及金錢。

5. 結論：變卦離火☲生體卦坤土☷，結局是好的，但是婚姻已經是千瘡百孔了，有需要這種愛情嗎？

範例二十八

本造：乾造

時間：戌時

事由：我未來要當醫生

解卦：上卦數1＋5＋5＝11除以8餘3，為離卦☲，下卦數1＋1＋9＝11除以8餘3為離卦☲，時辰數11，總和為33，33除以6餘3，所以第三爻變震卦☳。

結果：

重卦離為火卦䷝，周邊的環境及親友也很支持。

上卦數	下卦數	時辰數	總數
1+5+5=11	1+1+9=11	11	33
☲	☲	離為火	

	卦象	五行
體卦	☲	離火
用卦	☲	離火
上互卦	☱	兌金
下互卦	☴	巽木
變卦	☳	震木

乾金（☰）、兌金（☱）、離火（☲）、
震木（☳）、巽木（☴）、坎水（☵）、
艮土（☶）、坤土（☷）

1. 體卦離火☲，用卦也是離火☲，表示要當醫生的慾望很強烈，也很積極。

2. 上互卦兌金☱被體卦離火☲剋，初期也要考醫師證照，也是需要努力，但是會過關。下互卦巽木☴生體卦離火☲，一旦畢業當醫師執業，會有貴人、環境來相助，也會賺到錢。

3. 結論：變卦震木☳生體卦離火☲，醫師執業沒有問題，會風風火火的有所收益。

範例二十九

本造：坤造

時間：戌時

事由：想要在35歲前結婚

解卦：上卦數1＋5＋5＝11除以8餘3，為離卦☲，下卦數6＋3＝9除以8餘1，為乾卦☰，時辰數11，總和為31，31除以6餘1，所以第一爻變☴巽卦

結果：

重火天大有卦卦䷍，表示有所收獲，所以35歲前結婚沒有問題，對方會順著她的意願及脾氣。

上卦數	下卦數	時辰數	總數
1+5+5=11	6+3=9	11	31
☲	☰	火天大有	

	卦象	五行
變卦	☴	巽木
下互卦	☰	乾金
上互卦	☱	兌金
用卦	☰	乾金
體卦	☲	離火

乾金（☰）、兌金（☱）、離火（☲）、

震木（☳）、巽木（☴）、坎水（☵）、

艮土（☶）、坤土（☷）

1. 體卦離火☲剋用卦乾金☰，表示對方都會順著她的意思，但是男女之間還是互相尊重為佳。
2. 上互卦兌金☱被體卦離火☲剋，對方是百依百順。
3. 還有點辛苦，因為疫情關係，有很大的轉折。
4. 下互卦乾金☰依然被體卦離火☲剋，依然是順著她。
5. 變卦巽木☴生艮土☶生體卦離火☲，婚姻會很美滿。

範例三十

本造：坤造

時間：戌時

事由：我的電商事業可以嗎？

解卦：上卦數1＋3＋9＝13除以8餘5，為巽卦☴，下卦數6＋5＝11除以8餘3，為離卦☲，時辰數11，總和為35，35除以6餘5，所以第五爻變艮卦☶。

結果：

重卦風火家人卦䷤，表示這是一個家族企業，大家一起來經營的事業。

上卦數	下卦數	時辰數	總數
1+3+9=13	6+5=11	11	35
☴	☲	風火家人	
變卦	☶	艮土	
下互卦	☵	坎水	
上互卦	☲	離火	
用卦	☴	巽木	
體卦	☲	離火	
	卦象	五行	

乾金（☰）、兌金（☱）、離火（☲）、

震木（☳）、巽木（☴）、坎水（☵）、

艮土（☶）、坤土（☷）

1. 用卦巽木☴生體卦離火☲，這個事業可以做，大家鬥志都很旺。

2. 上互卦離火☲與體卦離火☲比和，對這個工作很有興趣，大家都很和樂，容易溝通。

3. 下互卦坎水☵剋體卦離火☲，事業上仍然得不到好的收穫。

4. 體卦離火☲生變卦艮土☶，表示做得很辛苦，付出的精力多，得到的回報少。要檢討一下是否產品有問題，還是方向沒抓準，徹底檢討後應該會有好成績的。

範例三十一

本造：坤造

時間：戌時

事由：我想轉行可行嗎？

解卦：上卦數1＋6＋7＝14除以8餘6，為坎卦☵，下卦數6＋7＝13除以8餘5，為巽卦☴，時辰數11，總和為38，38除以6餘2，所以第二爻變艮卦☶。

結果：

重卦水風井卦䷯，有格局小卻只要能過生活的心態，財運小吉，工作、事業小有作為。

上卦數	下卦數	時辰數	總數
1+6+7=14	6+7=13	11	38
☵	☴	水風井	

	卦象	五行
變卦	☶	艮土
下互卦	☱	兌金
上互卦	☲	離火
用卦	☴	巽木
體卦	☵	坎水

乾金（☰）、兌金（☱）、離火（☲）、
震木（☳）、巽木（☴）、坎水（☵）、
艮土（☶）、坤土（☷）

1. 體卦坎水☵生用卦巽木☴，想要轉職是要付出很多的時間跟精力，這個工作做起來很吃力，會有一股助力來幫她完成。

2. 體卦坎水☵剋上互卦離火☲，表示要離職的決定很強，已經積極的在找工作了。

3. 體卦坎水☵剋下互卦兌金☱，要找到工作憑著自己的決心、毅力不難。

4. 變卦艮土☶剋體卦坎水☵，表示做得很辛苦，因為這是一個新的工作，自己並不熟悉這個環境及工作。一定要加倍付出精力，得到的回報少，前期一定要有這種感悟才行。

範例三十二

本造：坤造

時間：巳時

事由：我想轉職可行嗎？

解卦：上卦數17＋8＝15除以8餘7，為離卦☲，下卦數3＋2＝5，為乾卦☰，時辰數6，總和為26，26除以6餘2，所以第二爻變離卦☲。

結果：

重卦䷑山風蠱卦，表示三足鼎立，想要轉職已經勢在必行了。

上卦數	17+8=15	☶
下卦數	3+2=5	☴
時辰數	6	山風蠱
總數	26	

	體卦	用卦	上互卦	下互卦	變卦
卦象	☲	☴	☱	☰	☶
五行	離火	巽木	兌金	乾金	艮土

乾金（☰）、兌金（☱）、離火（☲）、震木（☳）、巽木（☴）、坎水（☵）、艮土（☶）、坤土（☷）

1. 用卦巽木☴生體卦離火☲，想要轉職是可以的，會有一股助力來幫她完成。

2. 體卦離火☲剋上互卦兌金☱，表示要離職的決定很強，已經積極的在找工作了。

3. 體卦離火☲剋下互卦乾金☰，狀況與上述一樣。要找到工作憑著自己的決心、毅力不難。

4. 體卦離火☲生變卦艮土☶，表示做得很辛苦，因為這是一個新的工作，自己並不熟悉這個環境及工作。一定要加倍付出精力，得到的回報少，前期一定要有這種感悟才行。

範例三十三

本造：坤造

時間：巳時

事由：我想換B1 15樓可行嗎？

解卦：上卦數6＋7＝13除以8餘5，為巽卦☴，下卦數4＋5＝9除以8餘1，為乾卦☰，時辰數6，總和為28，28除以6餘4，所以第四爻變乾卦☰。

結果：

1. 重卦風天小畜卦䷈，表示事事不可貪大，投資理財均需保守為佳。

上卦數	6+7=13	☴
下卦數	4+5=9	☰
時辰數	6	風天小蓄
總數	28	

	體卦	用卦	上互卦	下互卦	變卦
卦象	☰	☴	☲	☱	☰
五行	乾金	巽木	離火	兌金	乾金

乾金（☰）、兌金（☱）、離火（☲）、

震木（☳）、巽木（☴）、坎水（☵）、

艮土（☶）、坤土（☷）

2. 體卦乾金☰剋用卦巽木☴，我剋者為財，這一間房子也會不錯。

3. 上互卦離火☲剋體卦乾金☰，表示要花一點錢（樓層越高的房子越要貼多一點錢）。

4. 上互卦離火☲剋下互卦兌金☱，與體卦乾金☰比和，房子狀況還算不錯。

5. 體卦乾金☰與變卦乾金☰比和，這一間住起來家人和諧，不會有所爭執。

範例三十四

本造：坤造

時間：巳時

事由：我想換B1　8樓可行嗎？

解卦：上卦數1＋5＝6為坎卦☵，下卦數1＋8＝9除以8餘1，為乾卦☰，時辰數6，總和為21，21除以6餘3，所以第三爻變兌卦☱。

結果：

重卦水天需卦䷄，表示此卦是最適合的房子，本身不需要出錢即可換屋，只不過

上卦數	下卦數	時辰數	總數
1+5=6	1+8=9	6	21
☵	☰	水天需	
變卦	☱	兌金	
下互卦	☱	兌金	
上互卦	☲	離火	
用卦	☰	乾金	
體卦	☵	坎水	
	卦象	五行	

乾金（☰）、兌金（☱）、離火（☲）、震木（☳）、巽木（☴）、坎水（☵）、艮土（☶）、坤土（☷）

大家都喜歡高樓層的房子，視野也比較好，雖然此卦最好，但是地點及視野非盡人意。

1. 用卦乾金☰生體卦坎水☵，用都更的角度來看，公寓換成華廈，本來就是可以有漲價的空間。

2. 體卦坎水☵剋上互卦離火☲，有剋者為財，是可以發財（增值）的房子，下互卦兌金☱生體卦坎水☵，可以加值。

3. 變卦兌金☱生體卦坎水☵，也是如此，這一間不必花錢就可以換到的房子，住起來也比較安心。

範例三十五

本造：乾造吳R

時間：戌時

事由：對象何時會出現？

解卦：上卦數2＋7＋3＝12，除以8餘4，為震卦☳，下卦數5＋7＝12除以8餘4，為震卦☳，時辰數12，總和為36，36除以6整除，所以第六爻變離卦☲。

結果：

1. 體卦震木☳與用卦震木☳比和，可謂心想事成，水到渠成，不用擔心。

上卦數	下卦數	時辰數	總數
2+7+3=12	5+7=12	12	36
☳	☳	震為雷	
變卦	☲	離火	
下互卦	☶	艮土	
上互卦	☵	坎水	
用卦	☳	震木	
體卦	☳	震木	
	卦象	五行	

乾金（☰）、兌金（☱）、離火（☲）、
震木（☳）、巽木（☴）、坎水（☵）、
艮土（☶）、坤土（☷）

2. 上互卦坎水☵生體卦震木☳，對方對自己有好感，願意接受。

3. 體卦震木☳剋下互卦艮土☶，表示對方對自己言聽計從。

4. 體卦震木☳生變卦離火☲，自己會對女方付出。

所以，此卦不用刻意去找，姻緣會出現，對方能符合心意。

所以變卦震掛變為離卦。

範例三十六

本造：乾造

時間：戌時

事由：從事保險事業可以嗎？

解卦：上卦數1＋8＋7＝16除以8整除，為坤卦☷，下卦數1＋2＋3＝6為坎卦☵，時辰數12，總和為34，34除以6餘4，所以第四爻變震卦☳。

重卦為地水師卦是興兵打仗（不是老師的師），表示軍隊打仗強烈抗爭之意，所以會有一場仗要打，很辛苦。

上卦數	下卦數	時辰數	總數
1+8+7=16	1+2+3=6	12	34
		地水師	

	體卦	用卦	上互卦	下互卦	變卦
卦象	☵	☷	☷	☳	☳
五行	坎水	坤土	坤土	震木	震木

乾金（☰）、兌金（☱）、離火（☲）、
震木（☳）、巽木（☴）、坎水（☵）、
艮土（☶）、坤土（☷）

結果：

1. 用卦坤土 ☷ 剋體卦坎水 ☵，這件事情做起來本來就很勉強，應該是受別人鼓動，而自己存疑的態度。
2. 上互卦坤土 ☷ 剋體卦坎水 ☵，進保險公司就要考一大堆證照，還要瞭解各種保單、上課、開會，會很辛苦。
3. 體卦坎水 ☵ 生下互卦震木 ☳，付出很多的心力與勞力，與收穫不成正比。
4. 體卦坎水 ☵ 生變卦震木 ☳，付出很多的心力與勞力，與收穫不成正比。

結論：剛開始會很辛苦，必須苦撐一段時間才行。

範例三十七

本造：乾造

時間：戌時

事由：從事直銷事業何時可以上更高階級？

解卦：上卦數2＋7＋3＝12除以8餘4，為震卦☳，下卦數5＋7＝12除以8餘4，為震卦☳，時辰數12，總和為36，以36除6整除，所以第六爻變坎卦☵。

結果：

1. 重卦地風升卦䷭，表示漸入佳境。

	上卦數	下卦數	時辰數	總數
	2+7+3=12	5+7=12	12	36
	☷	☴	地風升	

	卦象	五行
體卦	☷	坤土
用卦	☴	巽木
上互卦	☳	震木
下互卦	☱	兌金
變卦	☵	坎水

乾金（☰）、兌金（☱）、離火（☲）、
震木（☳）、巽木（☴）、坎水（☵）、
艮土（☶）、坤土（☷）

2. 用卦巽木☴剋體卦坤土☷，這件事情做起來很辛苦，要上高階不容易。

3. 上互卦震木☳剋體卦坤土☷，剛開始會有很多的挫折，所以產品、客戶還有口條要練一練。

4. 體卦坤土☷生下互卦兌金☱，付出很多的心力與勞力，與收穫不成正比。

5. 結論：體卦坤土☷剋變卦坎水☵，辛苦付出總會有收穫的。

範例三十八

本造：乾造

時間：戌時

事由：買房子

解卦：

上卦數2＋3＋7＝12除以8餘4，為震卦☳，下卦數1＋4＋1＝6為坎卦☵，時辰數12，總和為30，30除以6整除，所以第六爻變離卦☲。

結果：

1. 重卦雷水解卦䷧，表示水到渠成。

上卦數	下卦數	時辰數	總數
2+3+7=12	1+4+1=6	12	30
☳	☵	雷水解	
變卦	☲	離火	
下互卦	☲	離火	
上互卦	☵	坎水	
用卦	☳	震木	
體卦	☵	坎水	
	卦象	五行	

乾金（☰）、兌金（☱）、離火（☲）、

震木（☳）、巽木（☴）、坎水（☵）、

艮土（☶）、坤土（☷）

2. 體卦坎水☵生用卦震木☳，買房子必須要先準備一大筆訂金。

3. 上互卦坎水☵與體卦坎水☵比和，可以買到自己喜歡的房子。過程也很順利。

4. 體卦坎水☵剋下互卦離火☲，很多事情可以迎刃而解。

5. 結論：體卦坎水☵剋變卦離火☲，買房子沒有問題，可以照自己喜歡的標準去做。

範例三十九

本造：坤造

時間：亥時

事由：申請學校

解卦：

上卦數6＋9＝15除以8餘7，為艮卦☶，下卦數2＋7＝9除以8餘1，為乾卦☰，時辰數12，總和為36，36除以6整除，所以第六爻變坤卦☷。

結果：

1. 重卦山天大畜卦䷙，吉相之卦。可以考

上卦數	下卦數	時辰數	總數
6+9=15	2+7=9	12	36
☶	☰	山天大畜	

	卦象	五行
體卦	☰	乾金
用卦	☶	艮土
上互卦	☳	震木
下互卦	☱	兌金
變卦	☷	坤土

乾金（☰）、兌金（☱）、離火（☲）、
震木（☳）、巽木（☴）、坎水（☵）、
艮土（☶）、坤土（☷）

慮較大的投資案，頗有積蓄，一般會很順利。

2. 用卦艮土☶生體卦乾金☰，申請學校很順利。

3. 體卦乾金☰剋上互卦震木☳，可以按照自己的志向去申請學校。

4. 體卦乾金☰與下互卦兌金☱互為比助，很多事情可以迎刃而解。

5. 結論：變卦坤土☷生體卦乾金☰，申請學校會很順利。

範例四十

本造：乾造

時間：亥時

事由：今年有無女友？

解卦：上卦數1＋1＋9＝11除以8餘3，為離卦☲，下卦數2＋0＋7＝9除以8餘1，為乾卦☰，時辰數12，總和為32，32除以6餘2，所以第二爻變離卦☲。

結果：

重卦為火天大有卦䷍，會有女友勿遠求。

上卦數	下卦數	時辰數	總數
1+1+9=11	2+0+7=9	12	32
☲	☰	火天大有	

	卦象	五行
變卦	☲	離火
下互卦	☰	乾金
上互卦	☱	兌金
用卦	☰	乾金
體卦	☲	離火

乾金（☰）、兌金（☱）、離火（☲）、

震木（☳）、巽木（☴）、坎水（☵）、

艮土（☶）、坤土（☷）

1. 體卦離火☲剋用卦乾金☰，要找女友沒有問題。

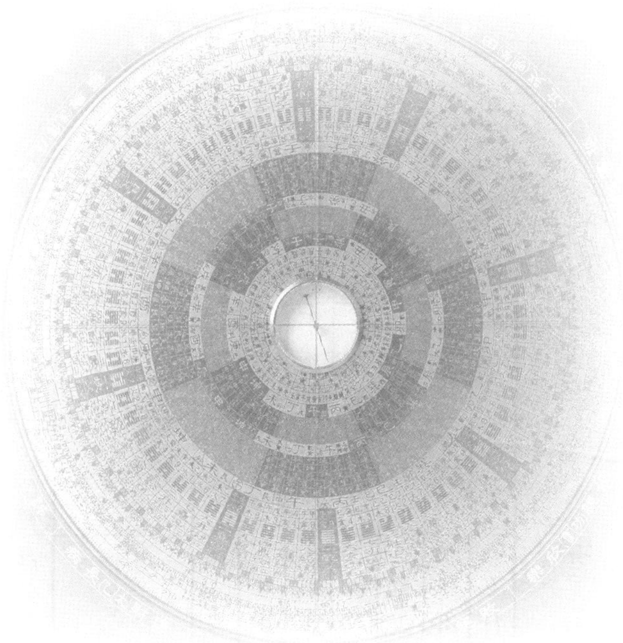

範例四十一

本造：坤造

時間：戌時

事由：今年有無男友？

解卦：

上卦數2＋2＋9＝13除以8餘5，為巽卦☴，下卦數1＋1＋1＝3為離卦☲，時辰數11，總和為27，27除以6餘3，所以第三爻變震卦☳。

結果：

重卦風火家人卦䷤，表示家裡有很關心有無男友。事情以與家人商量為重之意，均需

上卦數	2+2+9=13	☴
下卦數	1+1+1=3	☲
時辰數	11	風火家人
總數	27	

	變卦	下互卦	上互卦	用卦	體卦
卦象	☳	☵	☲	☲	☴
五行	震木	坎水	離火	離火	巽木

乾金（☰）、兌金（☱）、離火（☲）、
震木（☳）、巽木（☴）、坎水（☵）、
艮土（☶）、坤土（☷）

一家人共同商量為佳。

1. 體卦巽木☴生用卦離火☲，表示對找男友之事很在意。

2. 體卦巽木☴生上互卦離火☲，對於男友會很照顧。

3. 下互卦坎水☵生體卦巽木☴，對方可以感覺自己的付出。

4. 結論：變卦震木☳與體卦巽木☴比助，兩人可以一條心，共結連理。

範例四十二

本造：坤造

時間：戌時

事由：換工作

解卦：

上卦數1＋3＋1＝5為巽卦☴，下卦數2＋2＋9＝13除以8餘5，為巽卦☴，時辰數11，總和為29，29除以6餘5，所以第五爻變艮卦。

結果：

重卦巽為風卦䷸，不易控制的局面，包

上卦數	1+3+1=5	☴		
下卦數	2+2+9=13	☴		
時辰數	11	巽為風		
總數	29			
	變卦	☶	艮土	
	下互卦	☱	兌金	
	上互卦	☲	離火	
	用卦	☴	巽木	
	體卦	☴	巽木	
		卦象	五行	

乾金（☰）、兌金（☱）、離火（☲）、

震木（☳）、巽木（☴）、坎水（☵）、

艮土（☶）、坤土（☷）

括人、事、感情、投資，都是令人很難去掌控的。

1. 體卦☴與用卦都是巽木☴，可以隨自己的意向找到工作沒有問題。
2. 體卦巽木☴生上互卦離火☲，對這個工作付出很多，都在學習新的事務。
3. 下互卦兌金☱剋體卦巽木☴，過一段時間會有一些小挫折，要撐住。
4. 結論：體卦巽木☴剋變卦艮土☶，結果會有一些成就。

範例四十三

本造：乾造

時間：亥時

事由：今年的投資事業如何？

解卦：

上卦數1＋1＋1＝3為離卦☲，下卦數2＋8＋5＝15除以8餘7，為艮卦☶，時辰數12，總和為30，30除以6為整除，所以第六爻為☳震卦。

結果：

重卦火山旅卦䷷，表示旅行、不定、

上卦數	下卦數	時辰數	總數
1+1+1=3	2+8+5=15	12	30
☲	☶	火山旅	
變卦	☳	震木	
下互卦	☴	巽木	
上互卦	☱	兌金	
用卦	☲	離火	
體卦	☶	艮土	
	卦象	五行	

乾金（☰）、兌金（☱）、離火（☲）、

震木（☳）、巽木（☴）、坎水（☵）、

艮土（☶）、坤土（☷）

不安穩之意。

1. 用卦離火☲生體卦艮土☶，合夥人對自己的意見很包容，願意全力配合。
2. 體卦艮土☶生上互卦兌金☱，慢慢地自己付出了很多的心血跟金錢。
3. 下互卦巽木☴剋體卦艮土☶，最後會遭遇到挫折，可能合夥人有意見，不願再投入。
4. 結論：變卦震木☳剋體卦艮土☶，結果這個投資事業不會有好的結果。

範例四十四

本造：坤造

時間：午時

事由：土地買賣如何？

解卦：

上卦數6為坎卦☵，下卦數10除以8餘2，為兌卦☱，時辰數為7，總和為23，23除以6餘5，第五爻變坤卦☷。

結果：

重卦水澤睽卦䷻需要節制之象，卦中所現，提醒卜卦之人，事事有過於放縱之象，尤

上卦數	下卦數	時辰數	總數
6	10	7	23
☵	☱	水澤睽	

	卦象	五行
變卦	☷	坤土
下互卦	☳	震木
上互卦	☶	艮土
用卦	☵	坎水
體卦	☱	兌金

乾金（☰）、兌金（☱）、離火（☲）、

震木（☳）、巽木（☴）、坎水（☵）、

艮土（☶）、坤土（☷）

其是在金錢或男女情色方面。

1. 體卦兌金☱生用卦坎水☵，當事人對該職業付出很多，也投資很多時間跟心力，按部就班地去做。
2. 上互卦艮土☶生體卦兌金☱，剛開始努力去做會有收穫的。
3. 體卦兌金☱剋下互卦震木☳，我剋者為財，會賺到錢。
4. 結論：變卦坤土☷生體卦兌金☱，在房屋土地仲介方面會賺到錢，也有收穫。

範例四十五

本造：坤造

時間：午時

事由：保險事業如何？

解卦：

上卦數11除以8餘3，為離卦☲，下卦數7為艮卦☶，時辰數為7，總和為25，25除以6餘1，所以第一爻變離卦☲。

結果：

重卦火山旅卦䷷，表旅行、不定、不安穩之意。

上卦數	下卦數	時辰數	總數
11	7	7	25
☲	☶	火山旅	

	卦象	五行
變卦	☲	離火
下互卦	☴	巽木
上互卦	☱	兌金
用卦	☶	艮土
體卦	☲	離火

乾金（☰）、兌金（☱）、離火（☲）、
震木（☳）、巽木（☴）、坎水（☵）、
艮土（☶）、坤土（☷）

1. 體卦離火☲生用卦艮土☶，會花很多時間付出很多的心力。
2. 體卦離火☲剋上互卦兌金☱，還是可以賺到錢（有基本薪）。
3. 下互卦巽木☴生體卦離火☲，會慢慢成長，有貴人扶持及賺到錢。
4. 結論：變卦離火☲與體卦離火☲比和，會開發出很多人脈。也可以隨自己的意向去完成。

範例四十六

本造：坤造

時間：午時

事由：麥當勞工作如何？

解卦：

上卦數10除以8餘2，為兌卦☱，下卦數11除以8餘3，為離卦☲，時辰數為7，總和為28，28除以6餘4，所以第四爻變坎卦☵。

結果：

重卦澤火革卦䷰，表示該改革、革新

上卦數	下卦數	時辰數	總數
10	11	7	28
☱	☲	澤火革	

	卦象	五行
變卦	☵	坎水
下互卦	☴	巽木
上互卦	☰	乾金
用卦	☱	兌金
體卦	☲	離火

乾金（☰）、兌金（☱）、離火（☲）、震木（☳）、巽木（☴）、坎水（☵）、艮土（☶）、坤土（☷）

的時候了，情況雖不穩定、明朗，但只要有心改變，則成功機會大。

1. 體卦離火☲剋用卦兌金☱，這個職業可以賺到錢（基本薪水）。
2. 體卦離火☲剋上互卦乾金☰，安安穩穩的做事可以拿到錢。
3. 下互卦巽木☴生體卦離火☲，工作順利，可以慢慢升遷。
4. 結論：變卦坎水☵剋體卦離火☲，這個工作耗時耗體力，會影響到身體及作息，對於心臟要注意，不可太勞累。

範例四十七

本造：坤造

時間：午時

事由：今年的傳銷事業如何？

解卦：

上卦數21除以8餘5，為巽卦☴，下卦數23除以8餘7，為艮卦☶，時辰數為7，總和為51，51除以6餘3，所以第三爻變坤卦☷。

結果：

重卦風山漸卦䷴，**表示循序漸進，不可**

上卦數	下卦數	時辰數	總數
21	23	7	51
☴	䷴	風山漸	

	卦象	五行
變卦	☷	坤土
下互卦	☵	坎水
上互卦	☲	離火
用卦	☶	艮土
體卦	☴	巽木

乾金（☰）、兌金（☱）、離火（☲）、

震木（☳）、巽木（☴）、坎水（☵）、

艮土（☶）、坤土（☷）

心急，好事慢慢在進行中，一切遵循正理常規即可，事業和婚姻均能有收益。

1. 體卦巽木☴剋用卦艮土☶，會賺到錢。
2. 體卦巽木☴生上互卦離火☲，付出了很多的心血跟金錢。
3. 下互卦坎水☵生體卦巽木☴，會有貴人相助，一切可以迎刃而解，要上階級沒問題。
4. 結論：體卦巽木☴剋變卦坤土☷，會賺到錢，事業會有發展。

範例四十八

本造：坤造

時間：未時

事由：今年想轉換的公司如何？

解卦：

上卦數4為震卦☳，下卦數5為巽卦☴，時辰數為8，總和17，17除以6餘5，第五爻變兌卦☱。

結果：

重卦雷風恆卦☳☴，表示維持長久不變的跡象，顯示一種會持續很長久的一種狀況。好

上卦數	下卦數	時辰數	總數
4	5	8	17
☳	☴	雷風恆	

	卦象	五行
變卦	☱	兌金
下互卦	☰	乾金
上互卦	☱	兌金
用卦	☳	震木
體卦	☴	巽木

乾金（☰）、兌金（☱）、離火（☲）、
震木（☳）、巽木（☴）、坎水（☵）、
艮土（☶）、坤土（☷）

的或壞的情形，都將會再持續下去。

1. 體卦巽木☴與用卦震木☳比和，會跟同事、客戶相處融洽。
2. 上互卦兌金☱剋體卦巽木☴，不是很喜歡這間公司，有點難以適應，處處受牽制。
3. 下互卦乾金☰剋體卦巽木☴，做事處處不順，有點想換公司之心。
4. 結論：變卦兌金☱剋體卦巽木☴，結果在這公司不會有好的結果。

範例四十九

本造：乾造

時間：未時

事由：今年新的公司如何？

解卦：

上卦數4為震卦☳，下卦數3為離卦☲，時辰數為8，總和為15，15除以6餘3，所以第三爻變震卦☳。

結果：

重卦雷火豐卦䷶，表示智慧、明亮、溫暖，事業吉象。

上卦數	下卦數	時辰數	總數
4	3	8	15
☳	☲	雷火豐	

	卦象	五行
變卦	☳	震木
下互卦	☴	巽木
上互卦	☱	兌金
用卦	☲	離火
體卦	☳	震木

乾金（☰）、兌金（☱）、離火（☲）、

震木（☳）、巽木（☴）、坎水（☵）、

艮土（☶）、坤土（☷）

1. 體卦震木☳生用卦離火☲，新的公司要付出很多心血。
2. 上互卦兌金☱剋體卦震木☳，初期會很不順，處處受到限制。
3. 下互卦巽木☴與體卦震木☳比和，慢慢漸入佳境，左右逢源。
4. 結論：變卦震木☳與體卦震木☳比和，業績蒸蒸日上，也會賺到錢。

另一種簡易算命法

命卦：

風水學術語。指八宅派將人命分為東西命與西四命。風水中的命卦，是根據每人的出身年份而形成的卦象。主要用於室外環境及住宅方位規劃，室內的臥室、廚房、客廳、廁所等合理位置分佈，以產生對命主好的影響。不同的地形地貌環境，同時受到天空各星球和地球能量場的影響，就形成了各類風水。風水其實就是一種能量場。每個人的命卦不同，對各種能量場的接受就不同，從而影響到精神及身體狀態。由於卦命只有八方，星有九個，所以，無論男女逢五黃星都要配命卦。風水命卦之說，歷史悠久。九星八卦源於天體運行，與地理環境之間的場能轉化，應屬於套用科學範疇。

什麼是命卦?簡單的說，只要知道對方的出生年，我們就可以算出他的本命卦，就可以簡略的知道對方的個性，這對於與人交往可以探知對方的個性並藉此當敲門磚，亦可進一步的表象，個人資料，如生辰八字……等，那該如何推算呢？我們不需要查表，只要藉此掌中訣就可以推算出對方的命卦。

我們先看掌中訣圖：

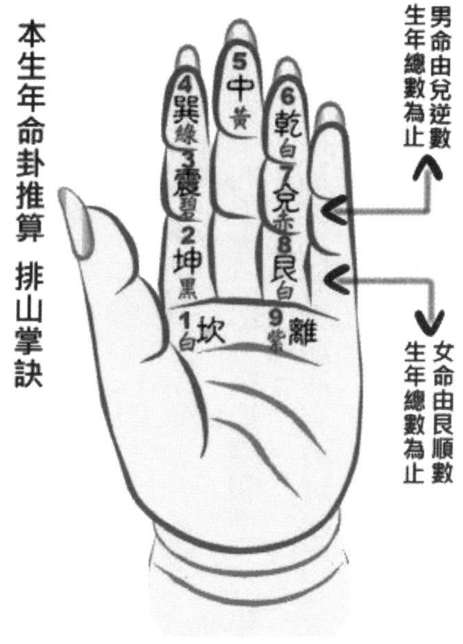

若數到5男命寄坤卦　女命則論艮卦

先探知對方的出生年（以西元曆為主），如民國70年，那就是西元一九八一年，1＋9＋8＋1＝19，再看看對方是男性、女性，男性從兌宮逆時針數到19即為兌卦、若是女性則從宮艮宮順時針數到19即為艮卦，若數到5（中宮）則男為坤卦女為艮卦，其卦意如下：

一、坎卦：長流之象

見聞廣博，內柔外剛

此人個性中的很大一部分屬於隨和型，外表堅強，適應力強，內心則柔和、仁慈，頗具親和力，肯為他人的賞識而奔波付出。但其人也較為優柔寡斷，沒有固定原則，因此常有以「拖」字訣處事之情形，容易於緊要關頭陷於驚慌失措的窘境。

二、坤卦：撫育之象

奉公守法，樂於奉獻

氣質優雅、落落大方，頗具親和力。有一顆善良的心，又樂意為大家服務，人際關係良好；見多識廣，思慮周密，善於為人排解糾紛。此外，你也知道如何豐富自己的生活，使人生多彩多姿，不會枯燥無味。

三、震卦：奮發之象

自強不息，勇攀高峰

此人是個機敏、聰慧、外表堅強內心柔和的多情之人。獨立自主，具有敏銳的觀察力與耐性，凡事據理力爭，擅長外交，注重目標的達成。活潑又有勇氣，做事貫徹到底，凡事好惡分明，追求不一樣的精彩人生。

四、巽卦：流動之象

大巧若拙，博大精深

既有成熟穩重的一面，又不失活潑灑脫，口齒清晰，聰明伶俐。有很強的是非觀念，尋求真理，重視理念，也喜歡為人抱不平、有肚量、智勇雙全。精於研究，喜歡發明創造，求知慾旺盛，又積極進取，容易接受新觀念、新事物。

六、乾卦：陽剛之象

性剛而健，鴻鵠之志

舉止間有剛正不阿的氣息，會給人較為嚴肅、刻板的感覺。固執己見，不太能接受別人的意見，凡事喜歡獨自做主。多才多藝、志向遠大，具有鴻鵠之志，不滿足於現狀。但不喜也不善奉承，易陷入孤軍奮戰的困境中，成功之路較慢到達。

七、兌卦：少女之象

豁達大度，行俠仗義

此人是一個態度溫和而又舉止大方的人，心胸寬大，好奇心強，個性正直而且做事有責任感；頗有主見，但遇事時也能接納他人的合理建議。遇到困難能展現實力解決問題，表達力頗強，和朋友的往來非常頻繁，常聯絡感情，能夠受到朋友的支持，在交際中獲得頗多機會。

八、艮卦：靜止之象

恪盡職守，高風亮節

這是個務實、勤奮的人，非常現實，實踐力很強，從不做空想或做無實質利益的事。不過，也易因利己的現實性，較難長期與人共事，有一意孤行的傾向，易與人發生衝突。把權威、事業看得比生命還重要，追求富足的物質生活，一切講求條理和秩序，對人對己都頗為嚴苛。

九、離卦：光明之象

耿直不屈，一生正氣

不畏懼強權，有一套樂觀豁達的人生哲學；善惡分明、頗有正義感，並能身體力行，有效率的達成自我賦予的使命。有敏銳的觀察力與判斷力，研究心旺盛，好勝心強烈，積極又敢挑戰。口才佳、反應靈敏，表達力、表現力佳，交際手腕高明，有很好的人緣和說服力。

八字與人生FB粉絲專頁

LINE@群組

國家圖書館出版品預行編目資料

快速學會梅花易數：梅花易數新觀／廖嘉賓著.
——第一版——臺北市：知青頻道出版；
紅螞蟻圖書發行，2022.05
面；公分——(Easy Quick；183)
ISBN 978-986-488-225-0（平裝）

1.易占

292.1　　111002956

Easy Quick 183

快速學會梅花易數：梅花易數新觀

作　　者／廖嘉賓
發 行 人／賴秀珍
總 編 輯／何南輝
校　　對／周英嬌、廖嘉賓
美術構成／沙海潛行
封面設計／引子設計
出　　版／知青頻道出版有限公司
發　　行／紅螞蟻圖書有限公司
地　　址／台北市內湖區舊宗路二段121巷19號（紅螞蟻資訊大樓）
網　　站／www.e-redant.com
郵撥帳號／1604621-1　紅螞蟻圖書有限公司
電　　話／(02)2795-3656（代表號）
傳　　真／(02)2795-4100
登 記 證／局版北市業字第796號
法律顧問／許晏賓律師
印 刷 廠／卡樂彩色製版印刷有限公司
出版日期／2022年5月　第一版第一刷

定價 300 元　港幣 100 元

ISBN 978-986-488-225-0　Printed in Taiwan